CORNELIA REHNSCHE

Alle Ratschläge in diesem Buch wurden vom Autor und vom Verlag sorgfältig erwogen und geprüft. Eine Garantie kann dennoch nicht übernommen werden. Eine Haftung des Autors beziehungsweise des Verlags für jegliche Personen-, Sach- und Vermögensschäden ist daher ausgeschlossen.

Email: info@edition-lunerion.de
www.edition-lunerion.de

Psiana eCom UG
Berumer Str. 44
26844 Jemgum

Vorwort

Der Sommer neigt sich dem Ende zu und Sie haben eine wahre Zucchini-Schwemme im Garten? Die grünen Stangen locken mit niedrigem Preis im Supermarktregal? Immer nur Zucchinisuppe wird aber auf Dauer langweilig? Dann zeigt Ihnen dieses Kochbuch, wie vielseitig Sie die hübschen Nährstoffbomben einsetzen können!

Dunkelgrün, gelb, mit hellen Streifen, klein und schlank oder auch beeindruckend groß – Zucchini gibt es in allerhand Variationen, doch für sie alle gilt: kalorienarm, vitamin- und nährstoffreich, leicht verdaulich und unschlagbar unkompliziert in der Verarbeitung. Zudem beschert sie auch Hobbygärtnern bei geringem Aufwand eine reiche Ernte und so stellt sich spätestens im Sommer die Frage: Was tun mit dem leckeren Gemüsesegen? Von knackigen Salaten über würzige Suppen bis hin zu deftig-sättigenden Hauptgerichten zeigt sich die Zucchini deshalb in diesen Rezepten von ihrer besten Seite und spielt sogar in Desserts und Getränken gerne einmal die Hauptrolle. Ob Veggie, Fleischfan oder Fischfreund, hier kommen Sie auf Ihre Kosten und entdecken kreativ-genussvolle Zucchini-Ideen für jeden Tag.

Guten Appetit!

INHALT

Wissenswertes

Kaum ein Gemüse lässt sich in der Küche so vielfältig einsetzen wie die Zucchini. In diesem Buch finden Sie einzigartige und unglaublich leckere Rezepte zu jeder Tageszeit! Von Frühstück über Gebäck, Salate und Suppen bis hin zu Hauptgerichten, Snacks, Aufstrichen und Getränken sowie ein Bonus-Kapitel mit Low-Carb-Rezepten: Es lassen sich für jeden tolle Rezepte finden. Sie werden überrascht sein, welche besonderen und doch einfachen Rezepte sich zaubern lassen!

Es gibt grüne und gelbe Zucchini, teils sind sie gestreift. Es gibt sie sowohl in Kugel- als auch in Keulenform. Im Geschmack unterscheiden sich die unterschiedlichen Arten aber kaum. Die Früchte schmecken sehr mild, weshalb sie sich so vielseitig einsetzen lassen und nach Belieben gewürzt werden können! Achten Sie bei Zucchini aus dem eigenen Garten aber darauf, ob die Früchte einen bitteren Geschmack haben, dann sollten Sie sie unter keinen Umständen verzehren. Durch die Bitterstoffe (Cucurbitacine) kann Übelkeit ausgelöst werden und der Darm kann lebensbedrohlich geschädigt werden. Die Bitterkeit kann auch nicht durch Kochen oder Schälen der Frucht beseitigt werden, sie ist dann schlichtweg nicht mehr essbar.

Bekannt bei uns wurde die Zucchini durch die mediterrane Küche. Zucchini zählen zur Familie der Kürbisgewächse und stammen ursprünglich aus Mittelamerika. Bei uns sind Zucchini ganzjährig in den Supermärkten erhältlich. Die heimische Ernte ist von Juni bis Oktober. Außerhalb unserer Saison werden sie aus Spanien, Italien oder Holland importiert.

Zucchini sind nicht nur unglaublich lecker und vielseitig in der Küche einsetzbar, sie sind zudem kalorienarm, leicht verdaulich, mildern Entzündungen im Verdauungsapparat und enthalten viele Mineralstoffe. Die Früchte enthalten außerdem viel Wasser, was die Zucchini rundum sehr gesund macht! Besonders wertvoll macht die Zucchini ihr Gehalt an Magnesium, Calcium, Eisen, Vitamin A und C und den B-Vitaminen. Auf 100 g weist sie rund 19 kcal auf, sie ist daher der ideale Begleiter, wenn Sie auf eine kalorienarme Ernährung achten. Achten Sie beim Einkauf im Supermarkt auf eine feste und gleichmäßig glatte Schale der Zucchini.

Zucchini müssen im Regelfall nicht geschält werden. Ausreichend ist ein Abspülen unter fließendem Wasser. Auch für die Zucchini gilt, dass in der Schale die meisten Vitamine enthalten sind und Sie wichtige Ballaststoffe mit der Schale aufnehmen. Auch für das Kochen ist es ratsam, die Schale dranzulassen, da das Fruchtfleisch schnell matschig wird, wenn es gekocht oder gebraten wird. Zudem macht die Schale den aromatischen Geschmack aus!

Da die Schale meist mitgegessen wird, ist es wichtig, auf die Herkunft der Zucchini zu achten. Zucchini aus ökologischer Landwirtschaft werden, im Gegensatz zu Zucchini aus konventioneller Landwirtschaft, nicht mit chemisch-synthetischen Pestiziden behandelt. Kaufen Sie also am besten Bio-Zucchini. Ob eine Zucchini schlecht ist, erkennen Sie daran, dass sich braune oder wässrige Stellen oder sogar Schimmel an der Schale gebildet haben. Schlechte Zucchini sind außerdem bitter im Geschmack.

An dieser Stelle wünsche ich Ihnen viel Freude am Kochen und Backen mit der Zucchini. Probieren Sie sich durch, um Ihre absoluten Lieblingsrezepte zu finden!

Wenn Sie daran interessiert sind, Zucchini direkt im eigenen Garten anzubauen, lesen Sie sich das folgende Kapitel zum Anbau und zur Verarbeitung von Zucchini durch – Sie erhalten dort wichtige Tipps und Hinweise.

Zucchini anbauen und verarbeiten

ZUCCHINI ANBAUEN

Zucchini lassen sich sehr gut und einfach im eigenen Zuhause anbauen. Sie sind das ideale Einsteiger-Gemüse für jeden, der noch wenig Erfahrung im Gemüseanbau hat! Die Pflanzen sind robust und bringen große Erträge. Im Folgenden erfahren Sie, wie Ihnen der Anbau von Zucchinipflanzen gelingt!

Samen für gelbe und grüne Zucchini erhalten Sie im Gartenmarkt. Ab April können die Pflanzen im Gewächshaus oder auf der Fensterbank vorgezogen werden. Zucchini sind frostempfindlich, weshalb sie nicht vor Mitte Mai ins Beet gepflanzt werden sollten. Verwenden Sie für das Vorziehen Anzuchterde und kleine Gefäße oder Eierkartons. Die Erde dabei immer feucht halten. Nach 1 bis 2 Wochen werden sich die jungen Pflanzen zeigen. Zucchini wachsen an warmen und sonnigen Standorten am besten, im Halbschatten kommen sie aber auch zurecht. Der Boden sollte reich an Nährstoffen, durchlässig und tief genug sein, weshalb auch Hochbeete, die mit Kompost und Mist gefüllt sind, gut geeignet sind. Achten Sie beim Einpflanzen auf einen ausreichenden Abstand zwischen den einzelnen Pflanzen. Zucchinipflanzen werden sehr groß, sodass der Abstand 1,5 bis 2 Meter betragen muss. Ideal ist zudem ein windgeschützter Platz, beispielsweise neben einer Hecke oder hinter anderen hohen Pflanzen. Zucchini müssen regelmäßig gedüngt werden, etwa mit Kompost oder Hornspänen.

Die ersten Zucchini sind dann je nach Wetterlage nach etwa 2 Monaten erntereif. Die Zucchini sollten nicht zu groß werden, weil sie dann an Aroma verlieren und die Schale härter wird. Schneiden Sie die Zucchini mit einem scharfen Messer 1 bis 2 cm hinter dem Stielansatz ab. Werden die Pflanzen in regelmäßigen Abständen geerntet, ist die Wahrscheinlichkeit groß, dass die Pflanze weitere Zucchini bildet. Überprüfen Sie die Pflanzen in der Erntezeit alle paar Tage nach neuen Früchten. Übrigens schmecken die gelben Blüten der Zucchini beispielsweise sehr gut in Öl frittiert!

Nun noch ein paar wertvolle Tipps für einen erfolgreichen Anbau:
Die jungen Pflanzen sind vor allem bei Schnecken sehr beliebt, weshalb ein Schneckenzaun ratsam ist. Ferner sollten Sie auf mehltauresistente Züchtungen achten. Nicht resistente Sorten können im Sommer Mehltau bekommen. Oft muss der Pilz aber nicht unbedingt bekämpft werden, weil die Erntezeit bereits dem Ende entgegengeht. Essen können Sie die Zucchini befallener Pflanzen trotzdem.

ZUCCHINI TROCKNEN

Getrocknete Zucchini schmecken nicht nur wie knusprige Chips, sondern machen das Gemüse auf eine sehr einfache Weise lange haltbar. Außerdem nehmen getrocknete Zucchini deutlich weniger Platz bei der Aufbewahrung in Anspruch und es lassen sich Gerichte wie Suppen oder Dips zubereiten!

Schneiden Sie die Zucchini hierfür in gleichmäßig große Scheiben (0,5 cm dick). Geben Sie sie danach für etwa 6 Stunden in ein Dörrgerät bei 40 bis 50 °C. Überprüfen Sie, ob die Zucchinischeiben vollständig getrocknet wurden oder ob noch eine Rest-Feuchtigkeit vorhanden ist. In diesem Fall müssen die Zucchinischeiben nachgetrocknet werden. Wer kein Dörrgerät zur Hand hat, kann die Zucchini auch im Backofen trocknen.

Die getrockneten Zucchini vertragen keine Feuchtigkeit. Lagern Sie sie also unbedingt trocken und luftdicht verschlossen, damit die knusprigen Zucchinischeiben auch knusprig bleiben!

ZUCCHINI HALTBAR MACHEN

Um Zucchini haltbar zu machen und auch außerhalb der Saison zu genießen, gibt es einige Methoden. Die fünf besten Methoden sind: Die Zucchini einlegen, einkochen, trocknen, einfrieren oder fermentieren. Auch bei richtiger Lagerung ist die Zucchini noch für einige Zeit nach der Ernte haltbar.

Beim Einlegen wird die rohe Zucchini in Olivenöl oder Rapsöl eingelegt und mit Gewürzen wie Knoblauch, Chili und Ihren Lieblingskräutern kühl, dunkel und trocken in luftdicht verschlossenen Einmachgläsern gelagert. Dort halten sie sich bis zu 6 Monaten.

Zucchini einzukochen, ist eine sehr einfache Methode. Die gekochte Zucchini kann in Gläsern ganz einfach im Kühlschrank aufgehoben und bei Bedarf weiterverwendet werden. Wie das Trocknen erfolgt, finden Sie unter dem Punkt „Zucchini trocknen". Um Zucchini durch Einfrieren haltbar zu machen, müssen Sie sie lediglich waschen, schneiden und in einem geeigneten verschlossenen Behältnis im Gefrierfach aufbewahren.

Zuletzt können Sie die Zucchini durch Fermentieren länger haltbar machen. Lösen Sie dafür 25 g Meersalz in 500 ml warmem Wasser auf und lassen Sie dieses dann abkühlen. Säubern Sie eine große Zucchini und schneiden Sie die Enden ab. Schneiden Sie sie anschließend in feine Stifte oder Scheiben. Schälen Sie zwei Knoblauchzehen und ½ rote Zwiebel. Halbieren Sie den Knoblauch und schneiden Sie die Zwiebel in dünne Streifen. Nun wird die Zucchini mit dem Knoblauch und den Zwiebeln dicht an dicht in Einmachgläser gegeben. Gießen Sie diese mit der Salzlake auf, bis das Gemüse komplett bedeckt ist. Den Deckel des Glases lose obendrauf legen und alles 1 Woche lang bei Raumtemperatur stehen lassen. Anschließend die Gläser verschrauben und an einem kühlen, dunklen Ort ca. 3 Wochen fermentieren lassen. Fermentierte Zucchini sind für einige Wochen haltbar. Nach der Gärung am besten im Kühlschrank aufbewahren, damit sie nicht zu sauer werden. Lecker schmecken die fermentierten Zucchini, wenn Senfkörner oder Dillsamen mit im Glas sind!

Zucchini bleiben auch bei richtiger Lagerung länger frisch. Die bereits nach 5 bis 8 Wochen geerntete Zucchini lässt sich am besten in einer

Speisekammer oder an einem schattigen, luftigen Ort mit hoher Luftfeuchtigkeit für 1 bis 2 Wochen lagern. Alternativ eignet sich auch das Gemüsefach im Kühlschrank bei ca. 10 °C. Dort halten sie sich 1 Woche. Achten Sie darauf, Zucchini nicht neben Äpfeln oder Tomaten aufzubewahren, dann werden sie schnell runzelig.

Frühstück

ZUCCHINI-OMELETT

1 Port.

15 Min.

Leicht

Zutaten

160 g Zucchini
2 Eier
2 TL gemischte Kräuter
20 g geriebener Parmesan
45 ml Milch
2 TL Olivenöl
1 Frühlingszwiebel
Salz und Pfeffer

Nährwerte p. P.

312 kcal
10 g Kohlenhydrate
24 g Fett
15 g Eiweiß

1 Frühlingszwiebel säubern und klein schneiden. Zucchini säubern und in feine Scheiben schneiden. Frühlingszwiebeln im Öl andünsten. Zucchini zugeben und salzen und pfeffern.

2 Eier mit Parmesan und Milch verrühren und über die Zucchini geben. 4 – 5 Minuten stocken lassen. Dann mit den Kräutern bestreuen und servieren.

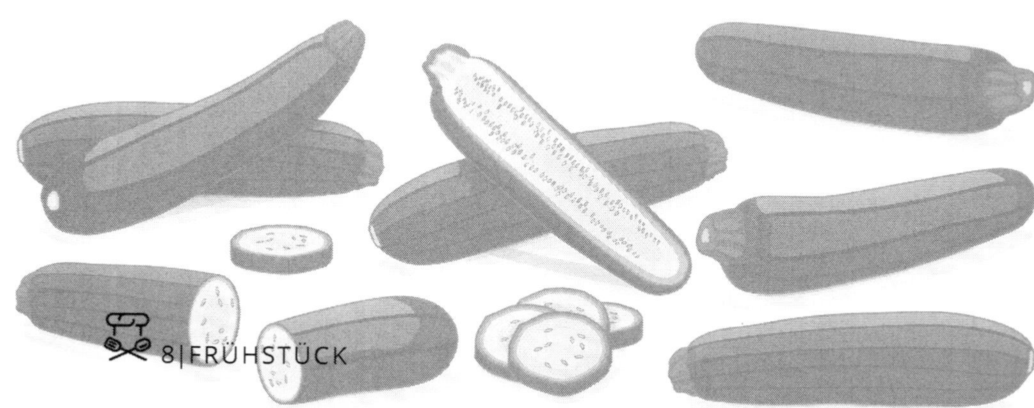

ZUCCHINI-OATMEAL

2 Port. 10 Min. Leicht

Zutaten

1 kleine Zucchini
210 ml Mandelmilch
85 g zarte Haferflocken
210 ml Wasser
1 Prise gemahlene Vanille
½ TL Zimt
2 TL geschrotete Leinsamen
1 Prise Salz

Nährwerte p. P.

215 kcal
29 g Kohlenhydrate
6 g Fett
8 g Eiweiß

1 Zucchini säubern und fein hobeln. Zimt mit Leinsamen, Vanille, Salz, Haferflocken, Wasser und Milch im Topf verrühren.

2 Zucchini zugeben und alles zum Köcheln bringen. 4 - 6 Minuten bei wenig Hitze ziehen lassen.

3 Auf zwei Schälchen geben und nach Belieben toppen.

VOLLKORNBROT MIT ZUCCHINI-KRÄUTER-QUARK

2 Port.

15 Min.

Leicht

Zutaten

210 g Zucchini
2 EL Pinienkerne
30 ml Mineralwasser mit Kohlensäure
2 Zweige Minze
4 Zweige Petersilie
110 g Magerquark
4 Scheiben dunkles Vollkornbrot
Salz und Pfeffer

Nährwerte p. P.

247 kcal
31 g Kohlenhydrate
8 g Fett
14 g Eiweiß

1 Pinienkerne ohne Fett rösten. Dann auf einem Teller abkühlen lassen.

2 Mineralwasser und Quark verrühren. Zucchini säubern, trocknen und in dünne Stifte schneiden. Unter den Quark heben.

3 Minze und Petersilie abbrausen, trocken schütteln und Blätter hacken. Auch zum Quark geben und unterrühren. Dann Pinienkerne untergeben und alles salzen und pfeffern.

4 Zucchini-Quark auf die Brote streichen und genießen.

ZUCCHINI-APFEL-MARMELADE

12 Port. 20 Min. Leicht

Zutaten

510 g Zucchini
55 ml Wasser
510 g Gelierzucker (2 : 1)
510 g säuerliche Äpfel

Nährwerte p. P.

198 kcal
48 g Kohlenhydrate
0 g Fett
1 g Eiweiß

1 Zucchini säubern, längs halbieren, entkernen und Fruchtfleisch grob raspeln. Äpfel schälen und mit Zucchini in einem geschlossenen Topf mit dem Wasser 8 – 10 Minuten köcheln lassen.

2 Gelierzucker zufügen und noch mal 6 – 8 Minuten weiterköcheln lassen. Marmelade vom Herd nehmen, in saubere Schraubgläser umfüllen und luftdicht verschließen.

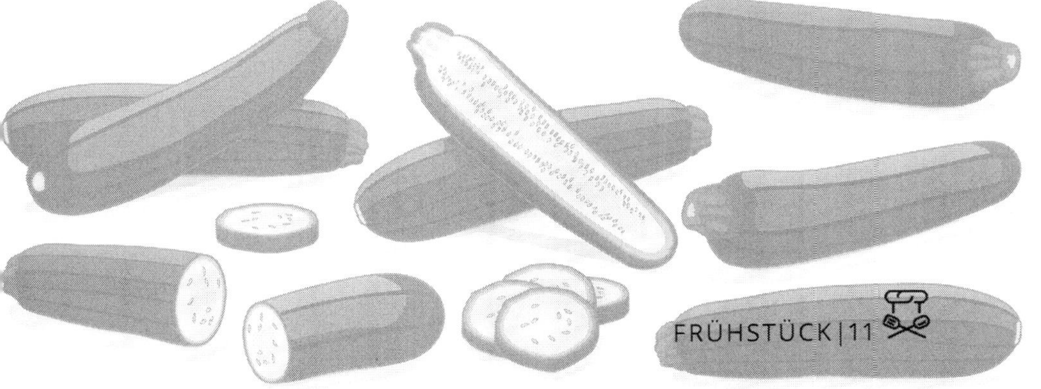

ZUCCHINI-EIERNESTER MIT AVOCADO

2 Port. 15 Min. Leicht

Zutaten

½ Zucchini
1 Prise Chilipulver
30 ml Olivenöl
½ Avocado
2 Eier
1 Handvoll Basilikum
Salz und Pfeffer

Nährwerte p. P.

273 kcal
6 g Kohlenhydrate
25 g Fett
7 g Eiweiß

1 Zucchini säubern und mit einem Spiralschneider in Form bringen. In einer Pfanne mit etwas Öl zu zwei Nestern formen und erhitzen. Eier aufschlagen und in die Nester geben. Ein paar Minuten stocken lassen.

2 Avocado-Fruchtfleisch in Scheiben schneiden. Alles auf Tellern anrichten und salzen und pfeffern. Mit etwas Chili und Basilikum garnieren.

ZUCCHINI-BEEREN-FRÜHSTÜCKSKEKSE

4 Port.

30 Min.

Leicht

Zutaten

150 g Zucchini
2 reife Bananen
150 g Weizenmehl
55 g Haferflocken
1 Ei
95 g Kokosöl
1 EL Backpulver
1 Msp. Vanille
120 g gemischte Beeren

Nährwerte p. P.

481 kcal
53 g Kohlenhydrate
27 g Fett
9 g Eiweiß

1 Bananen schälen, in grobe Stücke brechen und in einer Schale mit einer Gabel zerdrücken. Ei und geschmolzenes Öl unterrühren.

2 Zucchini säubern, raspeln und untermengen. Vanille, Mehl, Haferflocken und Backpulver langsam zugeben und alles gut verrühren. Beeren kurz unterheben.

3 Auf zwei mit Backpapier belegte Bleche mit einem Esslöffel je acht Kleckse Teig geben und etwas andrücken. Dabei ausreichend Abstand zwischen den Keksen lassen.

4 Kekse bei 170 °C Ober-/Unterhitze ca. 18 - 20 Minuten backen, bis sie goldgelb gebräunt sind. Abkühlen lassen und genießen.

Salate

ZUCCHINI-DATTEL-SALAT MIT FETA

4 Port.

1 Std.

Leicht

Zutaten

2 kleine Zucchini
210 g Fetakäse
10 Datteln
1 TL Kräuter der Provence
2 Knoblauchzehen
1 Ei
6 EL Olivenöl
Saft von ½ Zitrone
2 ½ EL Weizenmehl
6 EL Semmelbrösel
Salz und Pfeffer

Nährwerte p. P.

508 kcal
37 g Kohlenhydrate
34 g Fett
15 g Eiweiß

Tipp: Dazu passt Fladenbrot!

1 Zucchini säubern und klein schneiden. Datteln entsteinen und vierteln. Knoblauch schälen und hacken. Alles in der Hälfte des Öls sowie im Zitronensaft vermengen und salzen und pfeffern. 35 Minuten zur Seite stellen.

2 Käse in acht Teile schneiden. Ei mit den Kräutern in einem tiefen Teller verrühren. Mehl und Semmelbrösel auf zwei flachen Tellern verteilen. Käse zuerst im Mehl, dann im Ei und zuletzt in den Bröseln wenden. Panade etwas andrücken.

3 Käse im übrigen Öl von jeder Seite goldbraun braten. Danach Zucchinisalat erneut abschmecken, Käse darauf anrichten und servieren.

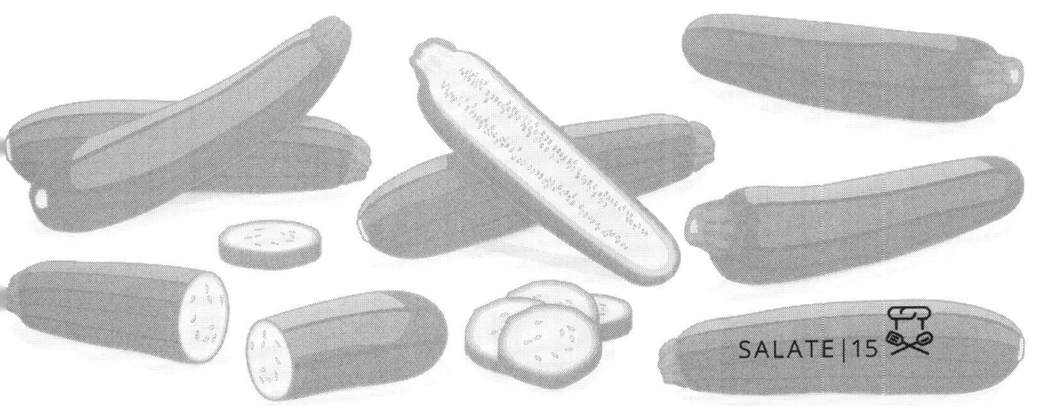

ZUCCHINI-PILZSALAT MIT KRÄUTER-DRESSING

2 Port. 15 Min. Leicht

Zutaten

Für den Salat:
260 g Zucchini (in dünne Streifen geschält)
30 ml Olivenöl
1 Zwiebel (gehackt)
210 g gemischte Pilze (ggf. halbiert)
2 Knoblauchzehen (gehackt)
¼ TL Zitronenabrieb
4 EL eingelegte Tomaten (abgespült und gehackt)
1 TL Sojasoße
Salz und Pfeffer

Für das Dressing:
4 EL Olivenöl
1 TL Yavonsirup
Je 1 kleines Bund Petersilie und Basilikum
3 EL Wasser
2 EL Zitronensaft
Salz und Pfeffer

Nährwerte p. P.

467 kcal
22 g Kohlenhydrate
41 g Fett
7 g Eiweiß

1 15 ml des Öls für den Salat in einer Pfanne erhitzen. Darin Zwiebeln und die Hälfte des Knoblauchs anschwitzen. Zucchini zugeben und alles 3 Minuten weiterdünsten. Salzen und pfeffern und in eine Schüssel umfüllen.

2 Übriges Öl in der Pfanne erhitzen und die Pilze 2 Minuten darin anbraten. Übrigen Knoblauch zufügen und weitere 2 Minuten weiterbraten. Dann mit Sojasoße beträufeln, Zitronenabrieb untergeben, salzen und pfeffern und Pilze mit in die Schüssel geben. Tomaten unterheben und alles gut mischen.

3 Alle Zutaten für das Dressing fein mixen. Mit Salz und Pfeffer abschmecken und unter den Salat geben.

ZUCCHINI-SALAT MIT BRATGARNELEN UND BAGUETTE

4 Port.

30 Min.

Leicht

Zutaten

620 g Zucchini
45 g Walnüsse
5 EL Olivenöl
1 Baguette
5 g frischer Thymian
1 Zitrone
1 Knoblauchzehe
420 g Rotgarnelen
20 g frisches Basilikum
30 g Butter
Salz und Pfeffer

Nährwerte p. P.

549 kcal
38 g Kohlenhydrate
33 g Fett
27 g Eiweiß

1 Nüsse in 2 - 3 Minuten in einer Pfanne ohne Fett anrösten. Anschließend hacken. Baguette in Scheiben schneiden und in der Hälfte der Butter goldgelb von beiden Seiten anrösten. Auf Küchenpapier legen und etwas salzen.

2 Zitrone heiß abbrausen und mit einem Sparschäler ein 5 cm langes Stück von der Schale abschneiden. Zitrone danach auspressen. Thymian abbrausen. Knoblauch schälen und zerdrücken. Öl bei wenig Hitze erwärmen, dann Zitronenschale, Knoblauch und Thymian darin 8 – 12 Minuten ziehen lassen.

3 Zucchini währenddessen säubern und mit dem Sparschäler in lange Streifen schneiden. Basilikum abbrausen, grobe Stiele entfernen und hacken. Garnelen schälen.

4 Öl mit den Gewürzen durch ein Sieb in eine Schale geben, dabei 1 EL des Öls wieder in die Pfanne geben. Zucchini, Basilikum, Nüsse und 30 ml Zitronensaft mit in die Schale geben, alles salzen und pfeffern und gut vermengen.

5 Pfanne mit dem Öl erhitzen, übrige Butter zufügen und Garnelen 3 bis 5 Minuten darin anbraten. Zucchini-Salat mit den Garnelen und dem Baguette auf Tellern anrichten und genießen.

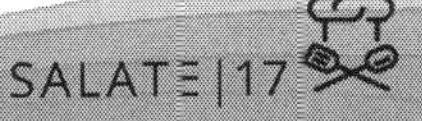

WARMER LINSEN-ZUCCHINI-SALAT

3 Port. 45 Min. Leicht

Zutaten

1 Zucchini
110 g gekochte Linsen
1 EL Olivenöl
2 Knoblauchzehen
Je ½ rote und gelbe Paprika
110 g grüne Bohnen
1 EL Balsamico Bianco
½ Zwiebel
2 TL Dijonsenf
Salz und Pfeffer

Nährwerte p. P.

150 kcal
18 g Kohlenhydrate
7 g Fett
5 g Eiweiß

1 Linsen in einem Topf mit kaltem Wasser aufsetzen und in 16 - 18 Minuten gar kochen. Dann abgießen und in eine große Schale umfüllen.

2 Zwiebel schälen und in dünne Ringe schneiden. Knoblauch schälen und zerdrücken. Zucchini säubern, Enden abschneiden und anschließend klein schneiden. Beide Paprika säubern und auch klein schneiden. Bohnen säubern und Enden abschneiden.

3 Bohnen halbieren und in 8 - 10 Minuten garen. Zwiebel in Öl in einer Pfanne kurz andünsten. Knoblauch, Zucchini, Bohnen und Paprika zugeben und alles 4 Minuten braten.

4 Gemüse zu den Linsen in die Schale geben und Senf und Balsamico untermischen. Salzen und pfeffern.

Tipp: Dazu passt Baguette! Der Salat kann auch als Hauptgericht zu Fleisch oder Fisch serviert werden!

STEAK-SALAT MIT BRATZUCCHINI

2 Port. 25 Min. Leicht

Zutaten

Für den Salat:
2 Zucchini
310 g Rindfleisch
2 Handvoll Salat-Mix
1 Knoblauchzehe
2 EL Parmesan
1 EL Gorgonzola
½ rote Zwiebel
2 Tomaten
Olivenöl

Für das Dressing:
1 TL Dijonsenf
3 EL Olivenöl
2 EL Balsamico-Essig
Salz und Pfeffer

Nährwerte p. P.

880 kcal
18 g Kohlenhydrate
68 g Fett
48 g Eiweiß

1 Salat abwaschen, Zucchini in breitere Scheiben schneiden, Tomaten achteln, Zwiebel in Ringe schneiden und Gorgonzola zerbröseln. Salat, Tomaten und Zwiebeln mischen.

2 Steak nach Belieben in etwas Olivenöl scharf anbraten. Dann aus der Pfanne nehmen, mit Alufolie bedecken und zur Seite legen.

3 Zucchini und gehackten Knoblauch in etwas Öl kross anbraten. Dann pfeffern und mit geriebenem Parmesan bestreuen. Währenddessen Zutaten für das Dressing verrühren.

4 Dressing unter den Salat mischen. Steak in dünne Scheiben schneiden und auf dem Salat anrichten. Salat mit Gorgonzola toppen und zu den Zucchini reichen.

ZUCCHINI-KICHERERBSEN-SALAT MIT PARMESAN

4 Port. 5 Min. Leicht

Zutaten

1 Zucchini (klein geschnitten)
1 Dose Kichererbsen (400 g, abgespült)
1 zerdrückte Knoblauchzehe
1 kleines Bund Petersilie (gehackt)
30 ml Zitronensaft
1 Prise Chiliflocken
30 ml Olivenöl
2 Handvoll Basilikum (gehackt)
1 kleine rote Zwiebel (gehackt)
2 EL geröstete Pinienkerne
40 g geriebener Parmesan
Grobes Meersalz und Pfeffer

1 Kichererbsen, Basilikum, Petersilie, Zucchini, Öl, Zitronensaft, Knoblauch und Zwiebel vermengen. Parmesan und Pinienkerne unterheben.

2 Salat mit Chili, Meersalz und Pfeffer verfeinern und genießen.

Nährwerte p. P.

265 kcal
20 g Kohlenhydrate
14 g Fett
12 g Eiweiß

Suppen

KLASSISCHE ZUCCHINISUPPE

 4 Port.  35 Min.  Leicht

Zutaten

820 g Zucchini
210 g Kartoffeln
110 ml Schlagsahne
1 Zwiebel
30 ml Olivenöl
1 Knoblauchzehe
1 l Gemüsebrühe
Salz und Pfeffer

Nährwerte p. P.

245 kcal
21 g Kohlenhydrate
17 g Fett
4 g Eiweiß

1 Zucchini säubern und in grobe Stücke schneiden. Knoblauch und Zwiebel schälen und hacken. Kartoffeln säubern, schälen und klein schneiden.

2 Alles im Öl in einem Topf 4 - 6 Minuten garen. Brühe zufügen und alles 18 – 22 Minuten köcheln lassen.

3 Zum Schluss Sahne unterheben, Suppe gut pürieren und salzen und pfeffern.

ZUCCHINI-LACHS-SUPPE

4 Port. 40 Min. Leicht

Zutaten

660 g Zucchini (klein geschnitten)
1 Becher Crème fraîche
760 ml Gemüsebrühe
310 g Lachsfilet
210 g Kartoffeln (klein geschnitten)
Etwas Dill (gehackt)
Salz und Pfeffer

Nährwerte p. P.

370 kcal
17 g Kohlenhydrate
25 g Fett
21 g Eiweiß

1 Zucchini säubern und klein schneiden. Kartoffeln schälen, säubern und auch klein schneiden. Beides in der Brühe gar kochen

2 Suppe pürieren, Crème fraîche untermengen und Dill hacken. Suppe salzen und pfeffern.

3 Lachs sehr klein schneiden und in der heißen Suppe gar ziehen lassen. Die Suppe soll nicht mehr kochen! Mit Dill garnieren.

ZUCCHINI-GEMÜSE-SUPPE MIT FRISCHKÄSE

4 Port.

35 Min.

Leicht

Zutaten

2 kleine Zucchini
1 große Zwiebel
950 ml Wasser
4 große Kartoffeln
210 g Frischkäse
2 Möhren
1 Lauchstange
Wasser
½ Knollensellerie
2 Lorbeerblätter
Salz und Pfeffer

Nährwerte p. P.

412 kcal
62 g Kohlenhydrate
14 g Fett
10 g Eiweiß

1 Zwiebel schälen und hacken. Dann im Öl anbraten. Lauch säubern, in Ringe schneiden und mitdünsten. Sellerie, Zucchini und Möhren säubern und grob reiben. Alles zur Lauch-Mischung geben und mit etwas Wasser weitergaren.

2 Lorbeerblätter zufügen. Kartoffeln schälen, würfeln und untermengen. Dann ca. 950 ml Wasser dazugeben und alles gar kochen.

3 Zum Schluss Frischkäse unterrühren und alles mit Salz und Pfeffer würzen.

HÄHNCHEN-SUPPE MIT REIS UND ZUCCHINI

4 Port. 35 Min. Leicht

Zutaten

1 Zucchini
110 g Basmatireis
950 ml Wasser
260 g Hähnchenbrustfilet
1 Pck. Hühnerbrühgewürz
10 g frischer Dill
1 Knoblauchzehe
1 Zitrone
Etwas Olivenöl
Salz und Pfeffer

Nährwerte p. P.

243 kcal
24 g Kohlenhydrate
8 g Fett
18 g Eiweiß

1 Zucchini säubern, längs vierteln und in Scheiben schneiden. Knoblauch schälen und hacken. Fleisch abtupfen und in 0,5 – 1 cm dünne Streifen schneiden.

2 Knoblauch und Reis in einem Topf mit 1 EL Olivenöl 1 Minute anbraten, dann Wasser zugeben und alles zum Kochen bringen. Brühgewürz einrühren, dann Zucchini und Fleisch mit in den Topf geben und alles geschlossen 13 - 15 Minuten köcheln lassen.

3 Zitrone heiß abwaschen, Schale abreiben und den Saft auspressen. Dill abbrausen und mit den feinen Stängeln hacken. 30 ml Zitronensaft und Abrieb zur Suppe geben. Dill ebenfalls einrühren und alles salzen und pfeffern.

Tipp: Toll schmecken Eier in der Suppe! Verquirlen Sie dafür 1 - 2 Eier und rühren Sie sie mit einer Gabel 2 - 3 Minuten vor Ende der Kochzeit unter die Suppe!

ZUCCHINI-SPARGELSUPPE

 4 Port.  45 Min. Leicht

Zutaten

Für die Suppe:
1 große Zucchini
1 l Gemüsebrühe
2 Knoblauchzehen
210 g Kartoffeln
55 g Butter
3 Zweige Koriander
1 Zwiebel
45 ml Olivenöl
170 g grüner Spargel
1 Sellerieknolle
Salz

Für die Croûtons:
4 Scheiben Brot
30 ml Olivenöl
20 g Butter
Salz

1 Gesamtes Gemüse säubern und in Stücke schneiden. Einige Spargelköpfe beiseitelegen.

2 25 g Butter und Öl gemeinsam erhitzen und Zwiebeln sowie Sellerie weich dünsten. Zucchini und Kartoffeln untermischen und alles salzen. 4 Minuten dünsten, dann Spargel, Knoblauch und Koriander mit Stielen zugeben. Brühe dazugießen und alles 18 - 22 Minuten köcheln lassen.

3 Danach abschmecken, übrige Butter einrühren und gut pürieren.

4 Spargelköpfe in der Butter und dem Öl ein paar Minuten braten. Dann herausnehmen und die geschnittenen Brotscheiben knusprig braten. Zucchinisuppe mit den Croûtons und den Spargelköpfen servieren.

Nährwerte p. P.

483 kcal
38 g Kohlenhydrate
35 g Fett
6 g Eiweiß

Tipp: Zusätzliche Kräuter wie Estragon, Petersilie und Liebstöckel machen die Suppe besonders aromatisch!

FISCH-GEMÜSE-SUPPE

6 Port.

35 Min.

Leicht

Zutaten

1 Zucchini
620 g Kabeljau (tiefgefroren)
2 Stangensellerie
30 g Tomatenmark
1 Knoblauchzehe
30 ml Öl
1 Zwiebel
2 rote Paprika
3 Möhren
160 ml trockener Rotwein
1 Prise Zucker
20 g Petersilie
810 g gehackte Tomaten
Salz und Pfeffer

Nährwerte p. P.

212 kcal
16 g Kohlenhydrate
6 g Fett
22 g Eiweiß

1 Kabeljau über Nacht im Kühlschrank auftauen. Zwiebel schälen, halbieren und klein schneiden. Knoblauch schälen und hacken. Paprika säubern und klein schneiden. Möhren säubern, längs vierteln und in Scheiben schneiden. Sellerie säubern, Enden abschneiden und in Streifen schneiden. Zucchini säubern, längs vierteln und auch in Scheiben schneiden.

2 Öl in einem Topf erhitzen und Zwiebeln, Möhren, Knoblauch, Paprika und Sellerie 3 Minuten andünsten. Tomatenmark untermischen und alles kurz weiterbraten. Zucker und etwas Salz und Pfeffer zugeben. Mit Rotwein ablöschen, zum Kochen bringen, Tomaten untermengen und geschlossen 8 - 12 Minuten köcheln lassen.

3 Fisch abwaschen, trocken tupfen und in Stücke schneiden. Salzen und pfeffern. Petersilie abbrausen, Blätter abzupfen und hacken.

4 Zucchini und Fisch zur Suppe geben und alles in 4 - 6 Minuten garen. Suppe abschmecken, auf Teller geben und mit Petersilie toppen.

Tipp: Reichen Sie dazu frisches Kürbisbrot!

Brote

ZUCCHINI-THYMIAN-SCONES

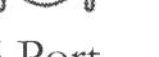

6 Port. 40 Min. Leicht

Zutaten

110 g Zucchini
85 g kalte Butter
1 Ei
260 g Weizenmehl
4 Zweige Thymian
½ TL Natron
15 g Parmesan
1 TL Backpulver
130 ml Buttermilch
1 TL Salz

Nährwerte p. P.

293 kcal
35 g Kohlenhydrate
13 g Fett
8 g Eiweiß

1 Zucchini säubern, raspeln und Wasser mit den Händen ausdrücken. Es sollten ungefähr 80 g Zucchini überbleiben.

2 Mehl mit Backpulver, Natron und Salz vermengen. Thymianblätter abzupfen und zugeben. Butter stückchenweise dazugeben und mit den Fingern in das Mehl einarbeiten.

3 Buttermilch und Ei verrühren und 30 ml davon zur Seite stellen. Den Rest mit Zucchini und Parmesan zum Mehl geben und alles gut zu einem Teig verarbeiten.

4 Teig ca. 2 cm dick ausrollen, dann daraus 6 Scones ausstechen bzw. gleich große Dreiecke/Rechtecke schneiden. Diese auf ein mit Backpapier belegtes Blech setzen und mit dem zur Seite gestellten Ei einstreichen.

5 Im heißen Ofen bei 195 °C Ober-/Unterhitze 16 - 18 Minuten goldgelb backen.

ZUCCHINI-KRÄUTER-BRÖTCHEN

 10 Port.

 1 Std. 55 Min.

 Leicht

Zutaten

160 g Zucchini
210 g Weizenmehl
50 g frische Hefe
160 g Dinkelvollkornmehl
160 g Roggenmehl
1 Bund Petersilie
1 EL Salz
210 ml Buttermilch
2 TL Honig
95 g Sonnenblumenkerne
4 Zweige Thymian
¼ TL gemahlener Kümmel
30 g Sesam
3 EL Rosmarinblätter
Etwas Milch

Nährwerte p. P.

287 kcal
42 g Kohlenhydrate
8 g Fett
10 g Eiweiß

1 Mehle in eine Schale sieben und mittig eine Mulde eindrücken. Buttermilch erwärmen und Hefe und Honig darin auflösen. Mischung in die Mulde füllen und vom Rand mit ein wenig Mehl zu einem Vorteig verrühren. Abdecken und an einem warmen Ort 8 - 12 Minuten ruhen lassen.

2 Kräuter abbrausen und hacken. Zucchini säubern und grob raspeln. Zucchini mit Salz, Kümmel, Sesam, Sonnenblumenkernen und Leinsamen unter den Teig mischen. Alles zu einem festen Teig verkneten und diesen erneut 45 Minuten gehen lassen.

3 Teig auf einer bemehlten Arbeitsfläche in zwei Teile aufteilen. Daraus jeweils einen Strang formen, diesen in 10 Teile schneiden und daraus einzelne Brötchen formen. Je 10 Brötchen auf ein mit Backpapier ausgelegtes Blech setzen und diese noch mal 20 Minuten gehen lassen.

4 Brötchen mit Milch einstreichen, kreuzweise einschneiden und Bleche nacheinander im heißen Ofen bei 195 °C Ober-/Unterhitze 18 - 22 Minuten backen.

ZUCCHINI-DINKELBROT MIT MANDELN

5 Port. 50 Min. Leicht

Zutaten

210 g Zucchini
160 ml lauwarmes Wasser
1 Pck. Trockenhefe
1 TL Backpulver
210 g Dinkelmehl
20 g geschrotete Leinsamen
160 g gemahlene Mandeln
2 Prisen Zucker
Etwas Öl zum Fetten
½ TL Salz

Nährwerte p. P.

402 kcal
32 g Kohlenhydrate
23 g Fett
15 g Eiweiß

1 Zucchini säubern und fein raspeln. In einem Geschirrtuch gut ausdrücken. Hefe im Wasser auflösen und Zucker zugeben. Mandeln, Mehl, Backpulver, Leinsamen und Salz vermengen.

2 Zucchiniraspel mit den Händen auflockern und mit dem Hefewasser zu der Mehlmischung geben. Alles zu einem Teig verarbeiten.

3 Teig in eine gefettete und mit Mehl bestäubte Kastenform geben, glatt streichen und im heißen Ofen bei 195 °C Ober-/Unterhitze ca. 40 Minuten backen. Danach herausnehmen, nach 15 Minuten aus der Form stürzen und vollständig abkühlen lassen.

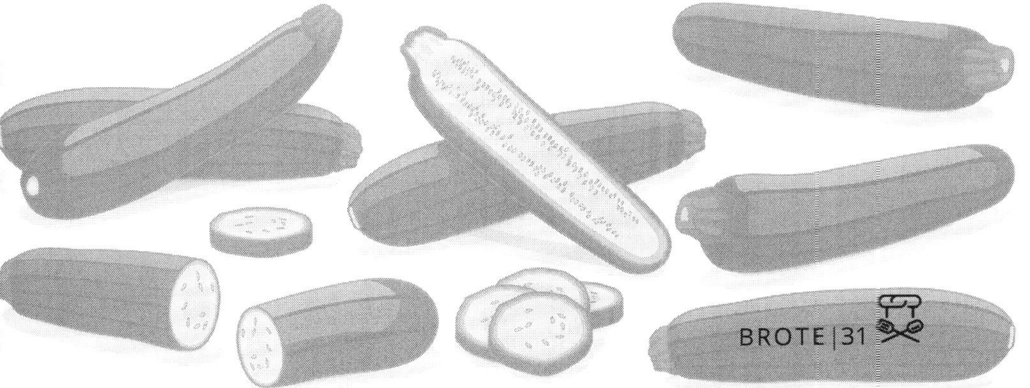

MÖHREN-ZUCCHINIBROT

 5 Port.
 55 Min.
 Leicht

Zutaten

1 Zucchini
2 Möhren
2 EL Chiasamen
260 ml Soja- oder Reismilch
1 Pck. Backpulver
510 g Dinkelmehl (Type 630)
1 TL Salz

Nährwerte p. P.

428 kcal
79 g Kohlenhydrate
4 g Fett
17 g Eiweiß

1 Möhren schälen, Zucchini säubern und beides raspeln. Zucchini auf Küchenpapier ausdrücken.

2 Beides mit Chiasamen, Mehl, Backpulver, Milch und Salz verrühren. Teig in einer gefetteten Kastenform glatt streichen und im heißen Ofen bei 175 °C Ober- /Unterhitze ca. 45 Minuten backen.

Tipp: Der Teig kann mit Kernen nach Wahl verfeinert werden.

ZUCCHINI-BROT MIT TOMATEN UND KÄSE

5 Port.

1 Std.
10 Min.

Leicht

Zutaten

310 g Zucchini
1 Pck. Backpulver
110 ml Olivenöl
40 g in Öl eingelegte getrocknete Tomaten
110 g Bergkäse
5 Eier
110 g Roggenmehl
210 g Weizenvollkornmehl
40 g Pistazien
Etwas Butter zum Fetten
1 TL Salz

Nährwerte p. P.

626 kcal
51 g Kohlenhydrate
39 g Fett
21 g Eiweiß

1 Zucchini säubern, Enden abschneiden und grob raspeln. Tomaten klein schneiden, Pistazien hacken und Käse reiben. Mehle mit Backpulver mischen. Eier, Öl und Salz verrühren und Mehle, Käse, Tomaten und Zucchini zugeben. Pistazien unterheben.

2 Teig in eine gefettete Kastenform geben und Brot bei 195 °C Ober-/Unterhitze backen. Nach 20 Minuten Hitze auf 175 °C reduzieren und ca. 40 Minuten weiterbacken. Nach dem Backen das Brot herausnehmen, stürzen und abkühlen lassen.

Tipp: Nach Lust und Laune können Kürbiskerne oder geröstete Pinienkerne anstelle der Pistazien verwendet werden!

SÜßES ZUCCHINIBROT MIT APFELMUS

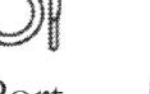

5 Port. 50 Min. Leicht

Zutaten

160 g geraspelte Zucchini
200 g Weizenmehl
½ TL Backpulver
105 g Kokosöl
1 Vanilleschote
1 Handvoll Kürbiskerne
1 Prise Muskatnuss
Je 105 g weißer und brauner Zucker
½ TL Zimt
230 g Apfelmus
Etwas Öl zum Fetten
½ TL Natron

Nährwerte p. P.

609 kcal
83 g Kohlenhydrate
29 g Fett
7 g Eiweiß

1 Zucchini säubern und reiben. Dann in einem Geschirrtuch das Wasser ausdrücken. Mark aus der Vanilleschote kratzen.

2 Mehl, beide Zuckersorten, Natron, Muskatnuss, Backpulver und Zimt vermengen. In einer weiteren Schale Vanillemark, Kokosöl und Apfelmus mischen. Dann die beiden Mischungen vermengen und Zucchini sowie Kürbiskerne unterheben.

3 Teig in eine gefettete Kastenform geben und bei 165 °C Ober-/Unterhitze ca. 40 Minuten backen. Herausnehmen und das Brot erkalten lassen.

Hauptspeisen mit Fleisch

GEFÜLLTE ZUCCHINI MIT HACK

4 Port. 40 Min. Leicht

Zutaten

4 Zucchini
1 Zwiebel
410 g Rinderhack
2 TL italienische Kräuter
2 TL Olivenöl
1 Knoblauchzehe
260 g passierte Tomaten
2 TL Tomatenmark
75 g geriebener Cheddar
Salz und Pfeffer

Nährwerte p. P.

454 kcal
13 g Kohlenhydrate
13 g Fett
29 g Eiweiß

1 Knoblauch und Zwiebel schälen und hacken. Zucchini säubern, längs halbieren und mit einem Löffel aushöhlen. Fruchtfleisch klein schneiden, Zucchinihälften auf ein mit Backpapier ausgelegtes Blech setzen.

2 Hack in Öl scharf anbraten, Knoblauch und Zwiebeln zufügen und kurz mitbraten. Tomatenmark unterrühren, dann passierte Tomaten, Kräuter und Zucchinifruchtfleisch untermengen. Alles 4 – 6 Minuten köcheln lassen und salzen und pfeffern.

3 Hack-Mischung auf die Zucchinihälften verteilen und Käse obendrüber streuen. Bei 175 °C Ober-/Unterhitze ca. 25 Minuten backen.

Tipp: Anstelle von Cheddar kann auch Mozzarella verwendet werden!

SCHWEINEFILET MIT ZUCCHINI IN GORGONZOLA-SOẞE

6 Port. 45 Min. Leicht

Zutaten

Für das Fleisch:
1 Zucchini
ca. 620 g Schweinefilet
12 Scheiben Bacon
Etwas Öl
Salz und Pfeffer

Für die Soße:
3 Schmelzkäse-Ecken (à 30 g)
410 ml Schlagsahne
110 g Gorgonzola ohne Rinde (klein geschnitten)
Salz und Pfeffer

Nährwerte p. P.

576 kcal
4 g Kohlenhydrate
47 g Fett
34 g Eiweiß

1 Fleisch in 6 dicke Stücke schneiden, aufrecht hinsetzen und mit je einer Scheibe Bacon umwickeln. Mit etwas Salz und Pfeffer bestreuen und aufrecht in eine Auflaufform setzen.

2 Zucchini säubern, Enden abschneiden, halbieren und jede Hälfte in drei gleich große Stücke schneiden. Jeweils mit einer Scheibe Bacon umwickeln.

3 Etwas Öl in einem kleinen Topf erhitzen, Zucchini aufrecht hineinsetzen und salzen und pfeffern. Von unten und seitlich anbraten. Anschließend zwischen das Fleisch in die Auflaufform setzen.

4 Sahne in den eben verwendeten Topf füllen und erhitzen. Gorgonzola und Schmelzkäse zufügen und unter Rühren zum Schmelzen bringen. Soße salzen und pfeffern. Dann Fleisch und Zucchini damit übergießen.

5 Alles im vorgeheizten Ofen bei 190 °C Ober-/Unterhitze 20 - 25 Minuten backen.

Tipp: Dazu passen Nudeln!

HUHN AUF GESCHMORTEM GEMÜSE

 2 Port.

 40 Min.

Leicht

Zutaten

1 gelbe Zucchini
1 grüne Zucchini
3 TL Butter
Abrieb und Saft von einer Blutorange
160 g Kirschtomaten
2 Stangen Sellerie
8 EL Olivenöl
2 TL Thymian
2 Knoblauchzehen
1 rote Zwiebel
Abrieb und Saft von einer Zitrone
2 Hühnerbrüste (ca. 320 g)
Salz und Pfeffer

Nährwerte p. P.

830 kcal
23 g Kohlenhydrate
65 g Fett
42 g Eiweiß

1 Zucchini säubern, in feine Scheiben schneiden, etwas salzen und im Sieb abtropfen lassen.

2 Zwiebel schälen und in feine Streifen schneiden. Tomaten halbieren und Sellerie ebenfalls in feine Streifen schneiden. Fleisch salzen und pfeffern. Knoblauch schälen und halbieren.

3 Fleisch mit Knoblauch in 4 EL Öl gut anbraten. Ein hohes Backblech oder eine Auflaufform mit Butter einstreichen und Hühnerbrüste in die Mitte setzen. Gemüse darübergeben und mit Orangenabrieb und Thymian bestreuen. Mit 1 EL Orangensaft und 1 EL Öl beträufeln. Deckel aufsetzen und bei 160 °C Heißluft 15 – 20 Minuten backen.

4 Übriges Öl mit restlichem Orangensaft sowie Zitronensaft und -abrieb in einem kleinen Topf verrühren. Nach der Hälfte der Backzeit über das Fleisch geben und fertig backen.

ZUCCHINI-LAMM-GERICHT

4 Port. 1,5 Std. Leicht

Zutaten

1 kg Zucchini
520 g Lammfleisch
520 g Tomaten
9 EL Olivenöl
45 g Tomatenmark
1 TL Kurkuma
Saft von 2 Zitronen
2 Zwiebeln
Salz und Pfeffer

Nährwerte p. P.

618 kcal
24 g Kohlenhydrate
42 g Fett
41 g Eiweiß

1 Zucchini säubern und in 3 cm breite Scheiben schneiden. 6 EL vom Öl nach und nach in einer Pfanne erhitzen und die Zucchinischeiben darin portionsweise beidseitig goldbraun braten. Herausnehmen und auf Küchenpapier abtropfen lassen.

2 Fleisch abtupfen und in Stücke schneiden. Zwiebeln schälen und hacken. Zwiebeln im übrigen Öl anschwitzen. Fleisch und Kurkuma zufügen und alles 6 - 8 Minuten braten.

3 Dann Tomaten, Tomatenmark und Zitronensaft unterrühren und alles bei wenig Hitze 35 - 40 Minuten köcheln lassen.

4 Zucchini zugeben, ggf. etwas Wasser zugeben und alles weitere 25 bis 30 Minuten köcheln lassen. Salzen und pfeffern und genießen.

Tipp: Dazu passt Safran-Reis und Joghurt mit Gurke, Dill und Zwiebeln!

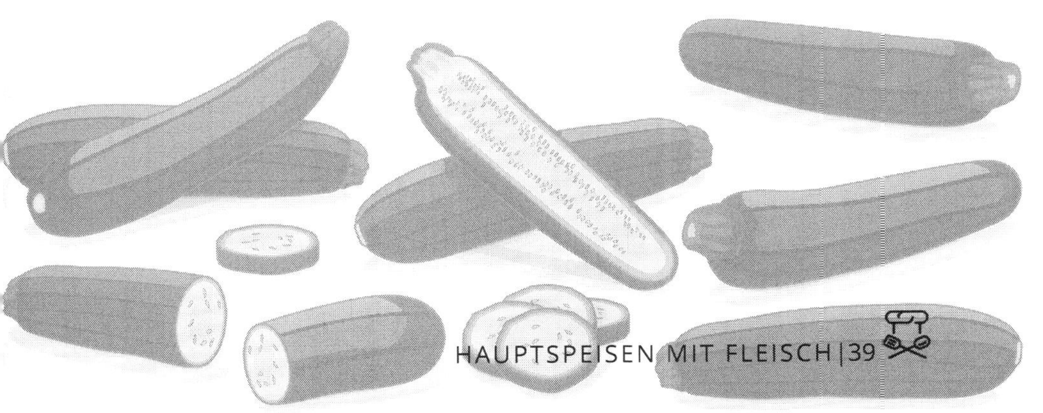

GEMÜSE-FLEISCH-RAGOUT

4 Port. 2,5 Std. Leicht

Zutaten

310 g grüne Zucchini
310 g gelbe Zucchini
1 rote Paprika
510 g Schweineschnitzel
110 ml Gemüsebrühe
2 Knoblauchzehen
6 EL Öl
1 Zwiebel
1 Zweig Thymian
1 EL Paprikapulver
260 ml trockener Weißwein
Etwas frisches Basilikum
Salz und Pfeffer

Nährwerte p. P.

428 kcal
15 g Kohlenhydrate
24 g Fett
31 g Eiweiß

1 Fleisch in breitere Streifen schneiden. Die Hälfte vom Paprikapulver mit Öl vermengen und Fleisch darin 2 Stunden einlegen.

2 Zucchini säubern und in dickere Scheiben schneiden. Paprika säubern und klein schneiden. Knoblauch und Zwiebel schälen und hacken. Kräuter abbrausen und Blätter grob hacken.

3 Fleisch abtropfen lassen, dann in einem großen Topf stark anbraten. Knoblauch, Zwiebel sowie Salz und Pfeffer zufügen und alles 3 Minuten weiterbraten.

4 Zucchini, Paprika und Thymian untermengen, dann mit Brühe und Wein ablöschen und alles geschlossen 8 - 12 Minuten köcheln lassen. Mit Pfeffer und Paprikapulver würzen und vor dem Servieren mit Basilikum toppen.

GEMÜSENUDELN MIT HÄHNCHEN UND ZIEGENKÄSESOẞE

3 Port. 30 Min. Leicht

Zutaten

3 Zucchini
30 ml Olivenöl
4 Tomaten
160 g Ziegenfrischkäse
520 g Hähnchenbrustfilet
2 Möhren
1 TL Brühpulver
1 TL rote Currypaste
45 g Tomatenmark
45 ml Wasser
Salz und Pfeffer

Nährwerte p. P.

446 kcal
22 g Kohlenhydrate
18 g Fett
50 g Eiweiß

1 Hähnchen abwaschen, trocken tupfen und in Stücke schneiden. Öl mit der Currypaste erhitzen und Fleisch darin knusprig anbraten.

2 Zucchini und Möhren säubern und Möhren schälen. Gemüse mit einem Sparschäler in Bandnudelform schneiden, bei der Zucchini das Kerngehäuse übrig lassen.

3 Fleisch aus der Pfanne nehmen und Gemüsenudeln mit Brühpulver und Wasser sowie dem Bratfett aufkochen und einige Minuten garen. Währenddessen Tomaten säubern und klein schneiden. Mit dem Tomatenmark untermengen.

4 Frischkäse und Fleisch zufügen und alles noch einmal erhitzen. Salzen und pfeffern und genießen.

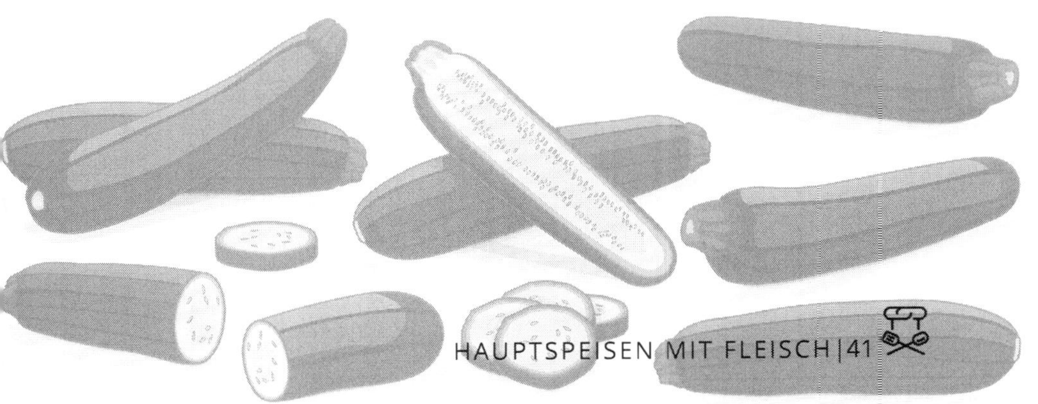

ZUCCHINISTRUDEL

4 Port.

1 Std. 50 Min.

Leicht

Zutaten

1 große Zucchini
210 g geriebener Käse
1 Pck. Blätterteig
1 Brühwürfel
3 Eier
1 Zwiebel
210 g Schinken
Etwas Öl
Kräutersalz
Salz und Pfeffer

Nährwerte p. P.

630 kcal
30 g Kohlenhydrate
41 g Fett
34 g Eiweiß

1 Zucchini schälen und klein schneiden. Zwiebel schälen, hacken und in etwas Öl anschwitzen. Zucchini mit hineingeben und Brühwürfel zugeben. Alles mit Salz, Pfeffer und Kräutersalz würzen.

2 Schinken klein schneiden und untergeben. Alles gut durchbraten, dann abkühlen lassen.

3 Zwei Eier und die Hälfte vom Käse einrühren, den Blätterteig ausrollen und mit dem übrigen Käse bestreuen. Füllung auf dem Teig ausstreichen und alles einrollen.

4 Letztes Ei verquirlen, den Strudel damit einstreichen und bei 165 °C im Ofen 30 - 35 Minuten goldbraun backen.

WILDSCHWEINBRATEN MIT GEMÜSEGRATIN

6 Port. 1,5 Std. Mittel

Zutaten

Für den Braten:
1,5 kg Wildschweinkeule (ausgelöst)
2 TL Speisestärke
85 g Zwiebeln
410 ml brauner Wildfond
65 ml Öl
2 EL Wasser
260 ml Portwein
1 Bund Suppengrün
3 Zweige Rosmarin
Etwas Thymian
Etwas Wildgewürz
Salz und Pfeffer

Für das Gratin:
410 g Zucchini
30 g Butter
410 ml Schlagsahne
510 g Kartoffeln
1 Knoblauchzehe
85 g geriebener Parmesan
Etwas Rosmarin
Salz und Pfeffer

Nährwerte p. P.

951 kcal
36 g Kohlenhydrate
54 g Fett
66 g Eiweiß

1 Fleisch in zwei gleich große Stücke schneiden, mit Spagat binden und mit Salz, Pfeffer, Wildgewürz und Thymian würzen. Zwiebeln schälen und Suppengrün säubern und klein schneiden. Fleisch im Öl von allen Seiten anbraten. Dann herausnehmen.

2 Gemüse im Bratfett andünsten, Wein zugeben und einkochen lassen.

3 Fond zugeben und alles zum Kochen bringen. Fleisch mit hineingeben, mit Rosmarinzweigen belegen und alles im heißen Backrohr bei 195 °C auf unterster Ebene ungefähr 60 Minuten backen. Fleisch ab und zu mit dem Bratsaft übergießen und wenden.

4 Eine Auflaufform mit Butter und zerdrücktem Knoblauch ausstreichen. Kartoffeln schälen und mit den Zucchini in dünne Scheiben schneiden. Dann in die Form einschichten.

5 Sahne mit Rosmarin, Salz und Pfeffer vermengen. Gemüse damit begießen, Käse obendrüber streuen und für 45 – 50 Minuten auf unterster Schiene backen.

6 Braten herausnehmen und warm halten. Stärke und Wasser verrühren. Bratsaft abgießen (es sollten mindestens 300 ml sein, ggf. etwas Suppe zugeben), zum Kochen bringen und Stärke einrühren. Spagat entfernen, Braten in Stücke schneiden und mit dem Gratin und der Soße auf Tellern anrichten.

Hauptspeisen mit Fisch & Meeresfrüchten

KABELJAU IN PIKANT-SÜẞER SOẞE

2 Port.

25 Min.

Leicht

Zutaten

1 Zucchini
2 Kabeljaufilets (à 200 g)
45 ml Schlagsahne
2 TL Butter
1 Knoblauchzehe
Etwas Olivenöl
1 Bund Thymian
1 Lorbeerblatt
1 Glas Weißwein
2 Chilischoten
2 TL Honig
3 Tomaten (gehäutet und entkernt)
Salz und Pfeffer

Nährwerte p. P.

559 kcal
27 g Kohlenhydrate
30 g Fett
41 g Eiweiß

1 Knoblauch schälen, hacken und in etwas Öl anbraten. Zucchini säubern, in Scheiben schneiden und zugeben. Wein untergeben, Tomaten, Lorbeerblatt, Thymianbund, Chili und Honig zufügen. Sahne einrühren und alles so lange köcheln lassen, bis die Zucchini gar sind.

2 Butter in eine weitere Pfanne geben, Fisch salzen und pfeffern und beidseitig anbraten. Danach warm halten.

3 Thymianbund und Lorbeerblatt aus der Zucchini-Mischung nehmen und Soße mit Salz würzen. Anschließend auf einen Teller geben, Fisch darauf anrichten und mit Reis oder Kartoffeln servieren.

Tipp: Soll die Soße dickflüssiger werden, Zucchini herausnehmen und die Soße einkochen lassen!

ZUCCHINI-FISCH-PFANNE

4 Port. 25 Min. Leicht

Zutaten

410 g Zucchini
610 g Fischfilet (z. B. Rotbarsch, Seelachs etc.)
2 Knoblauchzehen
Etwas Petersilie
1 Dose geschälte Tomaten
1 Spritzer Zitronensaft
1 Zwiebel
Etwas Öl
1 Prise Zucker
Salz und Pfeffer

Nährwerte p. P.

281 kcal
12 g Kohlenhydrate
12 g Fett
31 g Eiweiß

1 Fisch abwaschen und klein schneiden. Mit Zitronensaft, Salz und Pfeffer würzen. Zucchini säubern und in Streifen schneiden. Zwiebel schälen und hacken. Knoblauch schälen und ebenfalls hacken.

2 Zucchini in etwas Öl ein paar Minuten anbraten. Dann Zwiebel und Knoblauch zufügen und kurz weiterbraten. Tomaten untermischen und alles 4 - 6 Minuten köcheln lassen.

3 Fisch auf das Gemüse in der Pfanne legen, Deckel aufsetzen und alles erneut 4 – 6 Minuten bei wenig Temperatur garen. Mit Zucker, Salz und Pfeffer würzen. Vor dem Servieren Fisch vorsichtig unter das Gemüse heben und alles mit Petersilie bestreuen.

Tipp: Dazu passen Reis, Kartoffeln oder Baguette! Wer es würzig mag, kann etwas Sambal Oelek oder Tabasco zugeben!

GEFÜLLTE TINTENFISCHE

4 Port. 40 Min. Leicht

Zutaten

210 g kleine Zucchini
24 Tintenfischbeutel zum Füllen (10 - 12 cm lang, insg. ca. 700 g, küchenfertig)
1 altbackenes Weißbrot (30 g)
1 rote Chilischote
2 EL geriebener Parmesan
½ Bund Basilikum
½ Zitrone
Etwas Öl
Salz

Nährwerte p. P.

247 kcal
10 g Kohlenhydrate
10 g Fett
29 g Eiweiß

1 Tintenfische abwaschen und trocken tupfen. 4 Beutel fein schneiden. Zucchini säubern und raspeln, dann mit 1 TL Salz vermengen und 8 bis 12 Minuten ziehen lassen.

2 In der Zwischenzeit Brot mit lauwarmem Wasser bedecken und aufweichen. Basilikum abbrausen, Blätter abzupfen und hacken. Zitrone heiß abwaschen und Schale abreiben. Chili säubern, entkernen und fein hacken.

3 Zucchini mit einem Küchentuch gut ausdrücken. Das Brot auch vom Wasser ausdrücken. Beides mit den geschnittenen Tintenfischen, Basilikum, Zitronenabrieb, Chili und Parmesan mischen. Ggf. salzen.

4 Füllung in die übrigen Tintenfischbeutel geben. Dabei nicht zu fest hineindrücken, weil sich die Füllung später noch ausdehnt. Öffnungen mit Zahnstochern verschließen.

5 Tintenfische auf dem geölten Rost bei mittlerer Temperatur ca. 15 Minuten grillen. Ab und zu wenden.

GEFÜLLTE ZUCCHINIROLLEN MIT SCHOLLE

4 Port.

45 Min.

Leicht

Zutaten

2 Zucchini
290 g Frischkäse
480 g Schollenfilet (4 Filets)
1 Zitrone
2 Zweige Dill
2 Zweige Basilikum
1 Zwiebel
70 ml Gemüsebrühe
290 g Tomaten
2 TL Rapsöl
Salz und Pfeffer

Nährwerte p. P.

556 kcal
29 g Kohlenhydrate
40 g Fett
23 g Eiweiß

1 Zucchini säubern und in feine Scheiben schneiden. Für 2 Minuten in kochendem Wasser garen, anschließend abgießen.

2 Schollenfilets säubern, abtupfen und der Länge nach halbieren. Salzen und pfeffern. Basilikum und Dill abbrausen und fein hacken. Zitrone halbieren und auspressen. Etwas Basilikum zur Seite legen und die übrigen Kräuter mit Zitronensaft, Frischkäse und etwas Salz und Pfeffer vermengen.

3 Zwiebel schälen und klein schneiden. Tomaten säubern und ebenfalls klein schneiden. Zwiebel in Öl in einer Pfanne andünsten. Tomaten mit hineingeben und 2 Minuten mitbraten. Brühe zufügen und alles 8 - 12 Minuten köcheln lassen. Salzen und pfeffern.

4 Währenddessen jeweils eine Zucchinischeibe auf die halbierten Fischfilets legen und mit der Frischkäsecreme einstreichen. Aufrollen, in eine Auflaufform legen und mit der Tomatensoße toppen.

5 Im heißen Ofen bei 195 °C Ober-/Unterhitze gut 20 Minuten backen. Herausnehmen und mit dem Basilikum bestreuen.

GARNELEN-REISPFANNE

4 Port. 35 Min. Leicht

Zutaten

1 Zucchini
1 Bund Frühlingszwiebeln
30 ml Pflanzenöl
2 TL Zitronensaft
260 ml Gemüsebrühe
3 Paprika
Etwas Currypulver
260 g Garnelen
260 g gekochter Reis
Salz und Pfeffer

Nährwerte p. P.

249 kcal
30 g Kohlenhydrate
8 g Fett,
15 g Eiweiß

1 Paprika und Zucchini säubern und in Streifen schneiden. Frühlingszwiebeln säubern und in dünne Ringe schneiden.

2 Garnelen in dem Öl anbraten. Nach ein paar Minuten Curry unterrühren und Zitronensaft einrühren. Anschließend Garnelen herausnehmen und das vorbereitete Gemüse in die Pfanne geben.

3 Nach 2 - 3 Minuten den Reis zugeben, dann mit der Brühe ablöschen und alles einige Minuten köcheln lassen.

4 Garnelen zu dem Gemüse geben, kurz durchrühren und alles salzen und pfeffern.

ZUCCHINI-LACHS-PIZZA

4 Port.

35 Min.

Leicht

Zutaten

160 g Zucchini
1 rote Zwiebel
160 g Schmand
110 g Räucherlachs
1 Rolle Pizzateig (aus dem Kühlregal)
4 Zweige Dill
2 TL Olivenöl
Salz und Pfeffer

Nährwerte p. P.

439 kcal
53 g Kohlenhydrate
19 g Fett
14 g Eiweiß

1 Ein Blech im Ofen bei 240 °C Ober- /Unterhitze vorheizen. Zucchini säubern und in feine Scheiben schneiden. Zwiebel schälen und in dünne Ringe schneiden. Dill abbrausen, abzupfen und hacken. Schmand mit ⅔ Dill und etwas Salz und Pfeffer vermengen.

2 Pizzateig mit dem Papier entrollen und mit dem Schmand bestreichen. Zucchini und Zwiebeln darauf verteilen und alles salzen und pfeffern.

3 Teig mit dem Papier auf das heiße Blech ziehen und auf unterster Ebene 18 – 22 Minuten backen.

4 Lachsscheiben halbieren und auf der fertigen Pizza verteilen. Übrigen Dill auf die Pizza streuen und mit Öl beträufeln.

Tipp: Den Lachs können Sie auch durch hauchdünn geschnittenen Serrano- oder Parmaschinken ersetzen! Achten Sie darauf, die Pizza zügig auf das heiße Blech zu ziehen und dass dieses zuvor richtig heiß geworden ist. Dann bildet der Teig an der Unterseite sofort eine tolle Kruste wie im Pizzaofen!

ZUCCHINI-MEERESFRÜCHTE-SPAGHETTI

4 Port. 40 Min. Leicht

Zutaten

4 Zucchini
1 kg Miesmuscheln
210 ml Weißwein
210 g Polpa (aus der Dose)
1 Bund Petersilie
1 Zwiebel
Etwas Olivenöl
Saft von 1 Zitrone
3 Knoblauchzehen
Salz und Pfeffer

Nährwerte p. P.

417 kcal
19 g Kohlenhydrate
14 g Fett
45 g Eiweiß

1 Muscheln abwaschen und Garnelen kurz abspülen. Zwiebel und Knoblauch schälen und klein schneiden. Petersilie abbrausen und hacken.

2 Zwiebeln und Knoblauch in etwas Öl anbraten. Nach kurzer Zeit Wein zufügen und eine Weile einkochen lassen. Polpa zugeben und alles mit Salz und Pfeffer würzen. 8 - 12 Minuten köcheln lassen.

3 In der Zwischenzeit Zucchini säubern und mit einem Spiralschneider zu Spaghetti schneiden. Muscheln und Garnelen zur Soße geben und geschlossen einige Minuten weitergaren, bis die Muscheln geöffnet sind.

4 Zitronensaft und Petersilie untermischen und Zucchini-Spaghetti auf Tellern verteilen. Die Soße daraufgeben und servieren. Alternativ die Zucchini-Nudeln unter die Soße rühren und dann auf Tellern verteilen.

Vegetarische Hauptspeisen

BUCHWEIZEN-BOWL MIT HALLOUMI-KÄSE

2 Port.

1 Std.

Leicht

Zutaten

1 kleine Zucchini
85 g Buchweizen
1 TL Garam Masala
3 EL Zitronensaft
1 Nektarine
500 ml Salzwasser
2 TL Honig
110 g Halloumi
30 ml Öl
65 g Bambussprossen
Salz und Pfeffer

Nährwerte p. P.

538 kcal
53 g Kohlenhydrate
30 g Fett
20 g Eiweiß

1 Buchweizen waschen und im Salzwasser aufkochen. Temperatur verringern und geschlossen 16 - 18 Minuten garen. Buchweizen auf einer Platte ausbreiten und abkühlen lassen.

2 Zitronensaft mit Garam Masala und Honig mischen. Dann salzen und pfeffern. Nektarine halbieren, entsteinen und in Spalten schneiden. Zucchini säubern und in feine Scheiben schneiden.

3 Halloumi in Scheiben schneiden und trocken tupfen. Dann in dem Öl beidseitig je 1 - 2 Minuten anbraten. Auf Küchenpapier abtropfen lassen.

4 Buchweizen mit ? vom Dressing vermengen und auf zwei Schalen verteilen. Zucchini, Nektarinen, Sprossen und Halloumi darauf anrichten und das übrige Dressing obendrüber geben.

ZUCCHINIGULASCH

4 Port. 30 Min. Leicht

Zutaten

510 g Zucchini
2 Knoblauchzehen
2 EL Weizenmehl
2 Zwiebeln
620 ml Gemüsebrühe
45 g Sauerrahm
2 TL Paprikapulver
45 ml Öl
Salz und Pfeffer

Nährwerte p. P.

203 kcal
20 g Kohlenhydrate
13 g Fett
4 g Eiweiß

Tipp: Dazu passt frisches Brot!

1 Zucchini säubern, längs halbieren und in dickere Scheiben schneiden. Knoblauch und Zwiebeln schälen und in sehr dünne Scheiben schneiden. Dann beides im Öl anbraten.

2 Zucchini und Paprikapulver zugeben und alles salzen und pfeffern. Dann mit der Brühe aufgießen und alles 14 – 16 Minuten köcheln lassen.

3 Mehl und Sauerrahm verrühren und unter das Gemüse rühren. Alles weitere 2 Minuten köcheln lassen und dann genießen.

ERDNUSS-GEMÜSE-NUDEL-BOWL

2 Port. 25 Min. Leicht

Zutaten

Für die Bowl:
1 Zucchini
130 g Vollkorn-Spaghetti
2 Frühlingszwiebeln
3 EL Erdnüsse
2 Möhren
210 g Kichererbsen (aus dem Glas)

Für das Dressing:
2 TL Sesamöl
1 gehackte Knoblauchzehe
65 g Erdnussbutter
2 TL Reisessig
30 ml Sojasoße
½ TL geriebener Ingwer
2 TL Wasser
30 g Ahornsirup

Nährwerte p. P.

809 kcal
96 g Kohlenhydrate
36 g Fett
34 g Eiweiß

1 Spaghetti nach Packungsangabe gar kochen. Möhren säubern, schälen und mit den Zucchini mit einem Spiralschneider in Nudelform schneiden. Frühlingszwiebeln säubern und in Ringe schneiden. Kichererbsen abwaschen.

2 Alle Zutaten für das Dressing verrühren.

3 Spaghetti, Gemüsenudeln, Kichererbsen und das Dressing in Schalen anrichten und mit den Nüssen garnieren. Vor dem Verzehr alles vermengen.

SPAGHETTI-GEMÜSE-PFANNE MIT BASILIKUM

4 Port. 25 Min. Leicht

Zutaten

2 Zucchini
1 Pck. passierte Tomaten
2 Zwiebeln
1 Bund gehacktes Basilikum
410 g Spaghetti
1 l Salzwasser
3 Möhren
3 EL Öl
1 Schuss Schlagsahne
2 Paprika
Salz und Pfeffer

Nährwerte p. P.

758 kcal
105 g Kohlenhydrate
29 g Fett
20 g Eiweiß

1 Zwiebeln schälen und würfeln. Zucchini und Möhren schälen und mit dem Reibeisen raspeln. Paprika säubern und klein schneiden.

2 Zwiebeln in Öl in einer Pfanne andünsten. Gemüse zufügen, salzen und so lange garen, bis es weich ist.

3 Sahne zugeben und passierte Tomaten einrühren. Alles 4 - 6 Minuten köcheln lassen. Währenddessen Spaghetti in Salzwasser gar kochen.

4 Nudeln abgießen und unter das Gemüse heben. Alles mit Salz und Pfeffer würzen und mit Basilikum toppen.

ZUCCHINI-FRISCHKÄSE-RÖLLCHEN MIT TOMATENSOẞE

4 Port. 35 Min. Leicht

Zutaten

2 Zucchini
410 g gehackte Tomaten (aus der Dose)
1 Knoblauchzehe
2 TL Tomatenmark
2 TL italienische Kräuter
1 Zwiebel
210 g Kräuter-Frischkäse
Etwas Olivenöl
Salz und Pfeffer

Nährwerte p. P.

214 kcal
12 g Kohlenhydrate
16 g Fett
6 g Eiweiß

1 Zucchini in feine Scheiben schneiden. Auf Küchenpapier legen, salzen und nach ein paar Minuten trocken tupfen. Knoblauch und Zwiebel schälen und hacken.

2 Knoblauch und Zwiebeln im Öl anschwitzen. Tomatenmark zugeben und kurz mitdünsten. Gehackte Tomaten untermengen und alles mit Kräutern, Salz und Pfeffer verfeinern.

3 Zucchinischeiben mithilfe eines Teelöffels mit dem Frischkäse bedecken und zusammenrollen. Die Röllchen auf die Soße setzen und alles im heißen Ofen bei 195 °C Ober-/Unterhitze ca. 20 Minuten backen.

ZUCCHINIQUICHE

4 Port. 45 Min. Leicht

Zutaten

2 kleine Zucchini
1 Pck. Blätterteig
45 g Sauerrahm
4 Knoblauchzehen
2 Tomaten
½ Becher Schlagsahne
1 Ei
1 Zwiebel
140 g geriebener Käse
Frische Kräuter n. B.
Salz und Pfeffer

Nährwerte p. P.

529 kcal
32 g Kohlenhydrate
37 g Fett
17 g Eiweiß

1 Teig in eine Springform legen und am Rand hochziehen. Knoblauch und Zwiebel schälen und hacken. Zucchini säubern und in feine Scheiben schneiden. Tomaten säubern und auch in dünne Scheiben schneiden.

2 Sahne mit Ei und Sauerrahm verrühren. Ordentlich salzen und pfeffern. Dann Zwiebel und Knoblauch untermengen. Masse in die Form auf den Teig geben und mit Zucchini und Tomaten belegen. Käse und Kräuter obendrüber streuen und im heißen Ofen bei 195 °C Ober-/Unterhitze ca. 30 Minuten backen.

SPÄTZLE-GEMÜSE-PFANNE

4 Port. 25 Min. Leicht

Zutaten

2 Zucchini
210 g geriebener Käse
2 Zwiebeln
1 Prise Muskat
2 Paprika
45 ml Öl
1 l Salzwasser
510 g Spätzle
2 TL gehacktes Basilikum
260 g Speck
Salz und Pfeffer

Nährwerte p. P.

867 kcal
42 g Kohlenhydrate
56 g Fett
48 g Eiweiß

1 Zwiebel schälen, hacken und im Öl anschwitzen. Paprika und Zucchini säubern und klein schneiden. Speck würfeln und alles unter die Zwiebeln mischen.

2 Spätzle in Salzwasser 6 - 8 Minuten köcheln lassen. Abseihen und unter das Gemüse geben.

3 Alles salzen und pfeffern und mit Muskat würzen. Basilikum und Käse obendrüber streuen und gut untermischen.

Vegane Hauptspeisen

RATATOUILLE-OFENGEMÜSE

4 Port.

1 Std.

Leicht

Zutaten

2 Zucchini
45 ml Olivenöl
2 TL Weißweinessig
1 gelbe Paprika
2 Knoblauchzehen
1 Zwiebel
2 EL Kräuter der Provence
1 Aubergine
410 g Kirschtomaten
Etwas Paprikapulver
Etwas frisches Basilikum und Thymian
Meersalz und Pfeffer

1 Zwiebel schälen und hacken. Aubergine säubern und klein schneiden. Beides mit etwas Meersalz im Öl in einem Topf 8 – 12 Minuten köcheln lassen.

2 Knoblauch schälen und hacken. Zucchini säubern, der Länge nach halbieren und in Scheiben schneiden. Paprika säubern und in Streifen schneiden. Alles mit der Hälfte der Tomaten, den Kräutern der Provence und Paprikapulver mit in den Topf geben und weitere 8 - 12 Minuten garen.

3 Gemüse in eine Auflaufform umfüllen, Essig untermischen und alles mit den übrigen Tomaten bedecken. Anschließend bei 195 °C Ober-/Unterhitze 18 - 22 Minuten backen, bis die Tomaten platzen. Herausnehmen und mit Meersalz, Pfeffer, Basilikum und Thymian verfeinern.

Nährwerte p. P.

190 kcal
20 g Kohlenhydrate
12 g Fett
4 g Eiweiß

Tipp: Dazu schmeckt Reis oder Baguette!

PASTA MIT RÖSTZUCCHINI

 4 Port.  35 Min.  Leicht

Zutaten

Für die Pasta:
310 g Pasta n. B.

Für die Zucchini:
3 Zucchini
1 Zwiebel
3 Knoblauchzehen
Etwas Olivenöl
1 TL Salz

Für die Soße:
10 g Nährhefeflocken
55 g Cashewkerne
50 ml Zitronensaft
260 ml Pflanzenmilch
2 Knoblauchzehen
Salz und Pfeffer

Außerdem:
1 Handvoll Basilikum
4 EL geriebener Parmesan

1 Zucchini säubern und in Scheiben schneiden. Zwiebel schälen und in feine Ringe schneiden. Knoblauch schälen und hacken. Alles auf einem mit Backpapier ausgelegten Blech verteilen und mit etwas Olivenöl und Salz mischen. Bei 230 °C Umluft ca. 20 Minuten backen. Nach 10 Minuten das Blech einmal um 180° drehen.

2 Währenddessen Nudeln nach Packungsangabe gar kochen. Gemüse aus dem Ofen nehmen und einen Moment abkühlen lassen.

3 Cashewkerne mit Knoblauch, Zitronensaft, Hefeflocken, Milch, etwas Salz und Pfeffer sowie dem gerösteten Gemüse in einem Mixer zu einer Soße pürieren. Vorher ein paar der Zucchinischeiben zur Seite legen.

4 Pasta mit der Soße vermengen und mit Salz und Pfeffer abschmecken. Auf Tellern anrichten und mit Basilikum, Parmesan und Zucchinischeiben anrichten.

Nährwerte p. P.

513 kcal
73 g Kohlenhydrate
17 g Fett
19 g Eiweiß

GEFÜLLTE ZUCCHINIRÖLLCHEN IN TOMATENSOßE

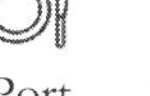

4 Port. 50 Min. Leicht

Zutaten

Für die Zucchini:
2 ½ Zucchini

Für die Soße:
410 ml Tomatensoße aus dem Glas
1 große Zwiebel (gehackt)
190 g Cashew-Ricotta oder veganer Frischkäse
4 EL gehackte Petersilie
2 Knoblauchzehen
Etwas Olivenöl
Pfeffer
Frische Kräuter zum Garnieren

Außerdem:
Öl zum Sprühen

Nährwerte p. P.

233 kcal
27 g Kohlenhydrate
12 g Fett
6 g Eiweiß

1 Zucchini säubern und zwei in feine Scheiben hobeln. Die übrige halbe Zucchini hacken. Zucchinischeiben auf ein mit Papiertüchern ausgelegtes Schneidebrett legen, mit Salz bestreuen und eine Weile zur Seite stellen.

2 Währenddessen Öl in einer Pfanne erhitzen und Zwiebel mit Zucchinistücken anbraten, bis sie weich und gebräunt sind. Knoblauch schälen, hacken und zugeben und ein paar Minuten weiterbraten. Dann in einer Schale etwas abkühlen lassen. Petersilie und etwas Pfeffer untermengen.

3 Tomatensoße in eine Auflaufform füllen und weich gewordene Zucchinischeiben trocken tupfen. Etwas Ricotta auf jeder Zucchinischeibe verteilen und mit etwas von der Zwiebelmischung belegen. Dann jede Scheibe aufrollen und diese eng nebeneinander in die Auflaufform mit der Soße setzen.

4 Röllchen mit etwas Öl besprühen und im heißen Ofen bei 195 °C Ober-/Unterhitze 20 - 25 Minuten backen. Danach herausnehmen und mit frischen Kräutern bestreuen.

GEFÜLLTE ZUCCHINI MIT KRÄUTER-COUSCOUS

2 Port.

45 Min.

Leicht

Zutaten

2 runde Zucchini (Rondini)
160 ml Gemüsebrühe
30 ml Olivenöl
110 g veganer Käse
2 Knoblauchzehen
210 g Sojageschnetzeltes
95 g Couscous
1 Zwiebel
1 Prise Kurkuma
3 Zweige Thymian
2 Zweige Dill
110 g Soja-Frischkäse
1 TL bunter Pfeffer
1 TL Räuchersalz

Nährwerte p. P.

992 kcal
87 g Kohlenhydrate
39 g Fett
65 g Eiweiß

1 Zucchini säubern, im oberen Drittel köpfen und aushöhlen. Das Fruchtfleisch klein schneiden. Knoblauch und Zwiebel schälen und hacken. Käse reiben. Thymian abbrausen und Blätter abzupfen. Dill abbrausen und hacken.

2 Ausgehöhlte Zucchini in leicht kochendem Wasser 5 Minuten vorgaren. Abschrecken und zur Seite stellen.

3 Öl in einer Pfanne erhitzen, Pfeffer und Räuchersalz zugeben und kurz erhitzen. Dann Zwiebel, Knoblauch und Zucchini darin anbraten. Brühe zufügen und zum Kochen bringen. Couscous und Sojageschnetzeltes mit hineingeben und alles 6 Minuten bei wenig Temperatur quellen lassen, bis die Brühe aufgesogen ist. Ggf. etwas mehr heißes Wasser zugeben.

4 Kräuter und Gewürze untermengen und Soja-Frischkäse unterrühren. Füllung in die Zucchini geben und mit geriebenem Käse bestreuen. Zucchini auf ein Backblech setzen und im vorgeheizten Ofen bei 195 °C Ober-/Unterhitze 6 – 8 Minuten backen, bis der Käse zerlaufen ist.

ZUCCHINI-HACK-PFANNE

4 Port. 30 Min. Leicht

Zutaten

820 g Zucchini
310 ml Hafersahne
260 g Reis
2 EL Currypulver
370 g veganes Hack
1 Zwiebel
½ Zitrone
Etwas Olivenöl
1 TL Salz

Nährwerte p. P.

568 kcal
69 g Kohlenhydrate
21 g Fett
24 g Eiweiß

1 Reis nach Packungsangabe in Salzwasser gar kochen. Währenddessen Hack mit etwas Öl in einer Pfanne anbraten, bis es eine leichte Bräune hat. Dann in einer Schale zur Seite stellen.

2 Zucchini säubern und der Länge nach vierteln. Anschließend in feine Scheiben schneiden. Zwiebel schälen und klein schneiden. Zitrone auspressen.

3 Zucchini in etwas Öl gut anbraten. Zwiebel und etwas mehr Öl zufügen und andünsten. Curry und Salz zugeben und unterrühren. Hack zugeben und alles kurz weiterbraten.

4 Hafersahne untermengen und alles mit Zitronensaft und Salz würzen. Mit Reis servieren.

Tipp: Die Zucchini-Pfanne lässt sich super um weiteres Gemüse wie Spinat oder Paprika sowie Pilze erweitern!

ZUCCHINIPUFFER MIT KRÄUTERQUARK

4 Port.

40 Min.

Leicht

Zutaten

Für die Puffer:
760 g Zucchini
2 EL Hefeflocken
45 g Kräuter (z. B. Basilikum, Petersilie, Schnittlauch)
110 g Weizenmehl
80 g Tofu
½ TL Kala Namak
2 EL Kartoffelstärke
1 EL Salz
Etwas Pfeffer
Olivenöl

Für den Quark:
210 g veganer Quark
20 g Kräuter (z. B. Basilikum, Petersilie, Schnittlauch)
½ TL Salz

Nährwerte p. P.

233 kcal
35 g Kohlenhydrate
4 g Fett
14 g Eiweiß

1 Zucchini säubern und grob raspeln. In einer Schale mit dem Salz vermengen und 10 Minuten ziehen lassen. Danach das Wasser aus der Zucchini mit einem Geschirrtuch ausdrücken.

2 Kräuter abbrausen und fein hacken. Tofu zerbröckeln. Beides mit Mehl, Hefeflocken und Kartoffelstärke zur Zucchini geben, mit Kala Namak und Pfeffer verfeinern und kurz verkneten.

3 Mit angefeuchteten Händen einzelne Puffer formen und in etwas Öl je 4 Minuten pro Seite braten. Die fertigen Puffer im Ofen warm halten, bis die gesamte Masse aufgebraucht ist.

4 In der Zwischenzeit Kräuter für den Quark abbrausen und hacken. Unter den Quark rühren und salzen. Zu den Puffern reichen.

ZUCCHINI-SPAGHETTI IN CREMIGER PESTO-SOßE

2 Port. 20 Min. Leicht

Zutaten

4 ½ Zucchini
1 Bund Basilikum
1 Zitrone
1 Avocado
4 EL Hefeflocken
1 Knoblauchzehe
85 g Pinienkerne
½ TL Salz

Nährwerte p. P.

597 kcal
34 g Kohlenhydrate
46 g Fett
24 g Eiweiß

1 4 Zucchini säubern und mit dem Spiralschneider zu Spaghetti schneiden. In Salzwasser wenige Minuten blanchieren.

2 Übrige Zucchini säubern und in grobe Stücke schneiden. Zitrone auspressen. Avocado halbieren und Fruchtfleisch herauslöffeln. Knoblauch schälen. Alles mit den übrigen Zutaten im Mixer gut mixen.

3 Zucchininudeln unter das Pesto mischen und genießen.

Fingerfood / Snacks

ZUCCHINI-RÖLLCHEN MIT MELONE UND SCHAFSKÄSE

4 Port. 25 Min. Leicht

Zutaten

260 g Zucchini
65 ml Weißweinessig
50 ml Olivenöl
210 g Schafskäse
210 g Honigmelone
1 Msp. Honig
Etwas Basilikum
Pfeffer

Nährwerte p. P.

284 kcal
10 g Kohlenhydrate
24 g Fett
9 g Eiweiß

1 Zucchini säubern und mit einem Gemüseschäler in feine Streifen schneiden. Diese in heißem Wasser 1 Minute lang blanchieren, dann herausnehmen und auf einem Küchentuch abkühlen lassen.

2 Basilikumblätter abzupfen, abbrausen und hacken. Schafskäse in 1 cm breite und 3 cm hohe Stücke schneiden. Melone schälen und in ebenso große Stücke schneiden.

3 Je 2 Zucchinistreifen versetzt übereinanderlegen. Darauf je 1 Stück Schafskäse, 1 Stück Melone und etwas Basilikum legen und aufrollen. Mit Zahnstochern befestigen. Anschließend nebeneinander auf einen Teller setzen.

4 Für das Dressing Öl mit Essig und Honig verrühren und auf die Röllchen träufeln. Mit etwas Pfeffer bestreuen und servieren.

Tipp: Die Röllchen können mit etwas Balsamico-Creme getoppt werden!

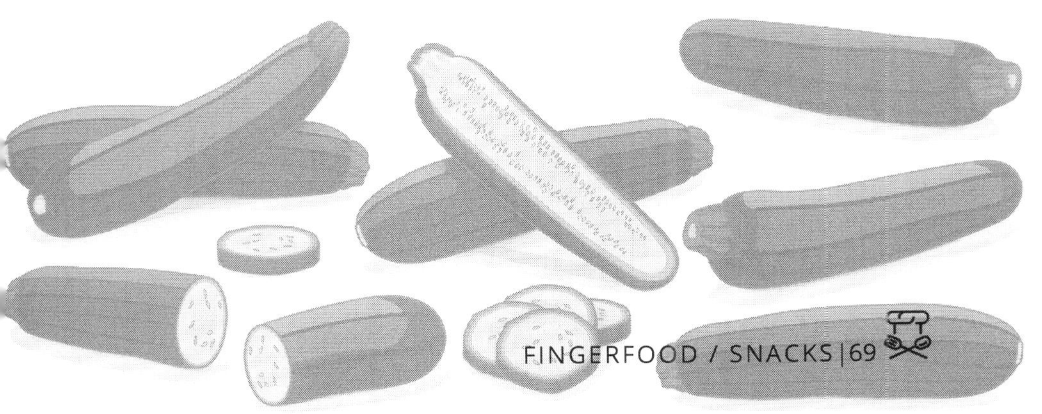

ZUCCHINI-POMMES MIT KRÄUTER-DIP

4 Port. 30 Min. Leicht

Zutaten

Für die Pommes:
4 Zucchini
2 Eier
55 g geriebener Parmesan
110 g Semmelbrösel
85 g Weizenmehl
1 Schuss Milch
Pflanzenöl
Ein paar Zitronenspalten

Für den Dip:
260 g Sauerrahm
2 EL gehackte frische Kräuter n. B.

Nährwerte p. P.

513 kcal
46 g Kohlenhydrate
29 g Fett
19 g Eiweiß

1 Zucchini säubern und in Stifte schneiden. Mehl auf einen flachen Teller geben und Brösel mit Parmesan in einer Schale mischen. Eier mit Milch verrühren und in einen tiefen Teller geben.

2 Zucchinistifte erst im Mehl, dann im Ei und zuletzt in der Brösel-Mischung wenden.

3 Anschließend in einem Topf mit heißem Öl goldbraun frittieren. Währenddessen Sauerrahm und Kräuter vermengen.

4 Pommes herausnehmen und auf Küchenpapier abtropfen lassen. Salzen und pfeffern und mit dem Dip und den Zitronenspalten servieren.

Tipp: Alternativ können die Pommes auch bei 195 °C Ober-/Unterhitze für ca. 20 Minuten im vorgeheizten Ofen gebacken werden.

UMWICKELTE DATTELN

4 Port. 25 Min. Leicht

Zutaten

Für die Marinade:
1 TL Paprikapulver (geräuchert)
1 Knoblauchzehe
4 EL Olivenöl
1 TL Meersalz
Pfeffer

Für die Datteln:
1 Zucchini
Ca. 20 Datteln
Ca. 20 Mandeln (optional)
Ca. 4 EL Olivenöl

Nährwerte p. P.

404 kcal
35 g Kohlenhydrate
30 g Fett
3 g Eiweiß

1 Knoblauch schälen und hacken. Mit den übrigen Zutaten für die Marinade in einer kleinen Schale vermengen.

2 Mandeln ohne Fett in einer Pfanne anrösten. Dann zum Abkühlen zur Seite stellen.

3 Zucchini säubern und mit einem Sparschäler in feine Streifen schneiden. Datteln entsteinen. Etwas Marinade mithilfe eines Teelöffels auf einem Zucchinistreifen verteilen und damit die mit einer Mandel gefüllte Dattel umwickeln. Mit einem Zahnstocher fixieren. Mit allen Datteln so verfahren.

4 Zuletzt die umwickelten Datteln im Öl knusprig braten. Warm genießen.

Tipp: Die umwickelten Datteln können auch auf dem Grill oder im Ofen bei 200 °C Ober-/Unterhitze 15 - 20 Minuten gebacken werden.

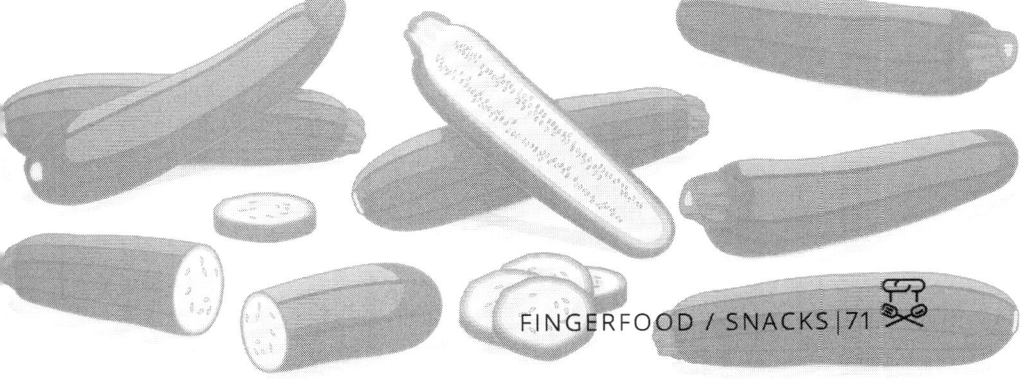

GEMÜSESNACK

4 Port. 50 Min. Leicht

Zutaten

260 g Zucchini
40 g Weizenmehl
2 TL Butter
3 Eier
30 ml Öl
55 g zarte Haferflocken
Etwas Majoran
110 g Petersilienwurzel
2 Bund Schnittlauch
260 g Knollensellerie
260 g Möhren
1 zerdrückte Knoblauchzehe
Salz und Pfeffer

Nährwerte p. P.

256 kcal
29 g Kohlenhydrate
12 g Fett
10 g Eiweiß

1 Möhren, Petersilienwurzel und Sellerie säubern und schälen. Enden der Zucchini abtrennen, Gemüse raspeln, salzen und 8 – 12 Minuten zur Seite stellen.

2 Schnittlauch abbrausen und hacken. Gemüse gut ausdrücken und mit Eiern, Mehl, Schnittlauch, Haferflocken, zerdrücktem Knoblauch, Majoran sowie etwas Salz und Pfeffer vermengen und erneut 8 - 12 Minuten stehen lassen.

3 Aus der Masse Stäbchen formen und diese in einer Mischung aus dem Öl und der Butter goldbraun braten.

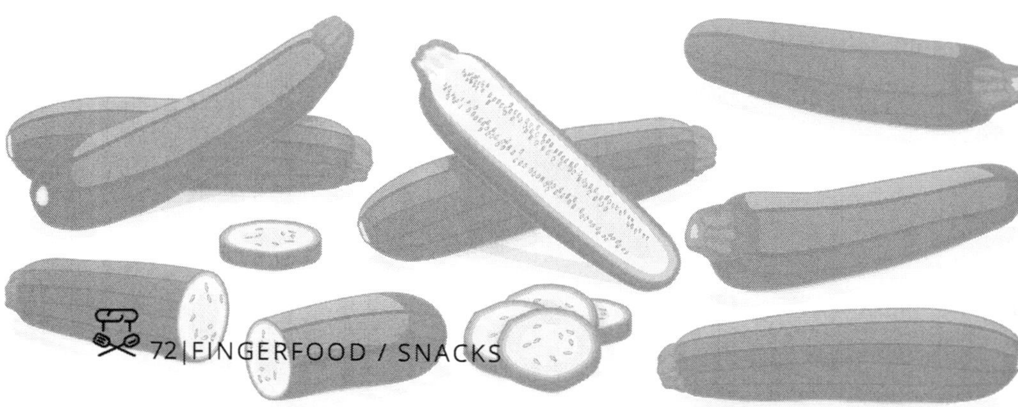

ZUCCHINI-CRÈME-BRÛLÉE

5 Port.

3 Std. 45 Min.

Leicht

Zutaten

1 Zucchini
6 Eigelbe
1 Blatt Brickteig
40 cl Sojacreme
5 Blätter Basilikum
1 kleine Schalotte
2 TL brauner Zucker
1 Prise Kreuzkümmel
Etwas Olivenöl
Salz und Pfeffer

Nährwerte p. P.

179 kcal
5 g Kohlenhydrate
15 g Fett
5 g

1 Schalotte schälen und klein schneiden. Zucchini säubern und in dünne Scheiben schneiden. Basilikum hacken. Schalotte mit Zucchini in etwas Öl in einer Pfanne anbraten.

2 Eigelb verrühren und salzen und pfeffern. Sojacreme und Basilikum langsam untermischen.

3 Gemüse auf die Böden von Auflaufförmchen geben und verteilen. Eiercreme obendrüber gießen. Auflaufform in eine ofenfeste Form geben und bis zu ? mit lauwarmem Wasser befüllen. Alles bei 160 °C Ober-/Unterhitze im vorgeheizten Ofen 30 Minuten garen.

4 Währenddessen Brickteig in 4 Dreiecke schneiden und diese in Olivenöl in einer Pfanne anbraten. Dann mit Kümmel und Salz bestreuen.

5 Auflaufförmchen bei Zimmertemperatur abkühlen lassen, dann für mindestens 2 Stunden kühl stellen.

6 Vor dem Servieren mit dem Zucker bestreuen und mit einem Bunsenbrenner karamellisieren. Mit den Brick-Dreiecken dekorieren.

Tipp: Dieses leichte und abgewandelte Rezept ist ideal für Liebhaber von Crème brûlée, die auf ihre Linie achten möchten!

ZUCCHINI-PARMESAN-HAPPEN

4 Port. 55 Min. Leicht

Zutaten

2 Zucchini
1 Knoblauchzehe
1 Ei
95 g gemahlene blanchierte Mandeln
60 g geriebener Parmesan
½ TL Pfeffer
Salz

Nährwerte p. P.

246 kcal
5 g Kohlenhydrate
18 g Fett
15 g Eiweiß

1 Zucchini säubern und fein hobeln. Dann in ein Sieb geben und mit einem gehäuften Esslöffel Salz mischen. Über einer Schüssel 20 Minuten lang abtropfen lassen, dabei ab und zu mit einem Küchentuch andrücken.

2 Parmesan mit Ei, Pfeffer, Mandeln und gehacktem Knoblauch verrühren. Zucchini untermischen. Aus der Masse kleine Bällchen formen.

3 Die Bällchen in den Grillkorb der Heißluftfritteuse geben, die auf 190 °C vorgeheizt ist, und unter ständigem Drehen ca. 15 - 20 Minuten goldbraun backen.

Tipp: Alternativ bei 175 °C Umluft für 20 Minuten im vorgeheizten Ofen backen!

KNUSPRIGE ZUCCHINI-CHIPS

2 Port.

20 Min.

Leicht

Zutaten

2 Zucchini
1 TL Paprikapulver
30 ml Olivenöl
1 TL Knoblauchpulver
1 Prise Pfeffer
1 TL Salz

Nährwerte p. P.

165 kcal
9 g Kohlenhydrate
14 g Fett
3 g Eiweiß

1 Zucchini säubern und Enden abschneiden. Dann in sehr feine Scheiben schneiden oder hobeln. Diese in eine Schale geben und mit den übrigen Zutaten mischen.

2 Zucchinischeiben auf einem mit Backpapier ausgelegten Blech verteilen und bei 175 °C Umluft im vorgeheizten Ofen 8 – 10 Minuten backen. Nach ein paar Minuten wenden.

Tipp: Toll zu den Chips schmeckt ein Dip aus 100 g Schmand, 140 g Naturjoghurt, einem Spritzer Zitronensaft und Gewürzen nach Wahl!

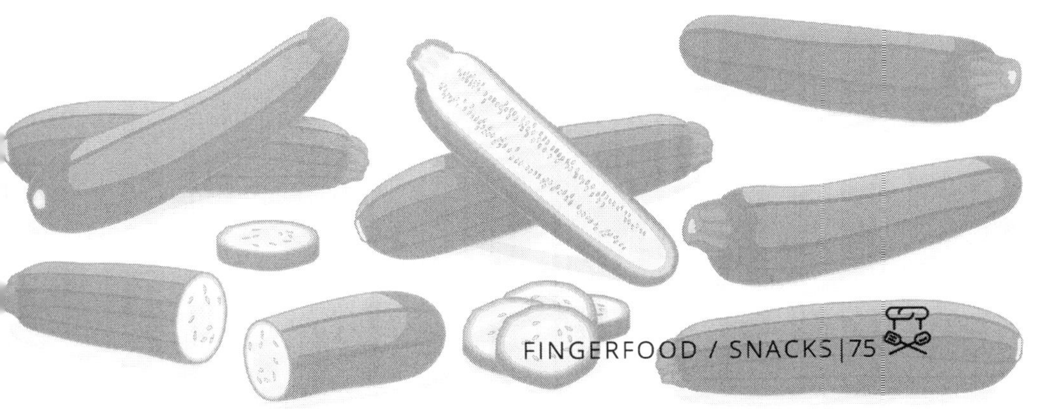

Desserts

ZUCCHINIKUCHEN MIT SCHOKOGUSS

20 Port. 45 Min. Leicht

Zutaten

410 g geraspelte Zucchini
5 Eier
2 TL Backkakao
260 ml Öl
260 g Zucker
1 Pck. Vanillezucker
1 TL Zimt
210 g gemahlene Haselnüsse
1 TL Backpulver
1 TL Natron
310 g Weizenmehl
5 EL Preiselbeer- oder Himbeermarmelade
1 Pck. Schokoglasur

Nährwerte p. P.

369 kcal
34 g Kohlenhydrate
24 g Fett
5 g Eiweiß

1 Eier mit beiden Zuckersorten schaumig rühren. Öl dabei langsam zugeben. Zucchini, Zimt und Nüsse unterheben. Mehl mit Backpulver, Natron und Kakao mischen und ebenfalls unterrühren.

2 Teig auf ein mit Backpapier ausgelegtes Blech füllen und im heißen Ofen bei 165 °C Ober-/Unterhitze ca. 35 - 40 Minuten backen.

3 Schokoglasur im Wasserbad schmelzen. Abgekühlten Kuchen mit der Marmelade einstreichen und mit dem Schokoguss überziehen.

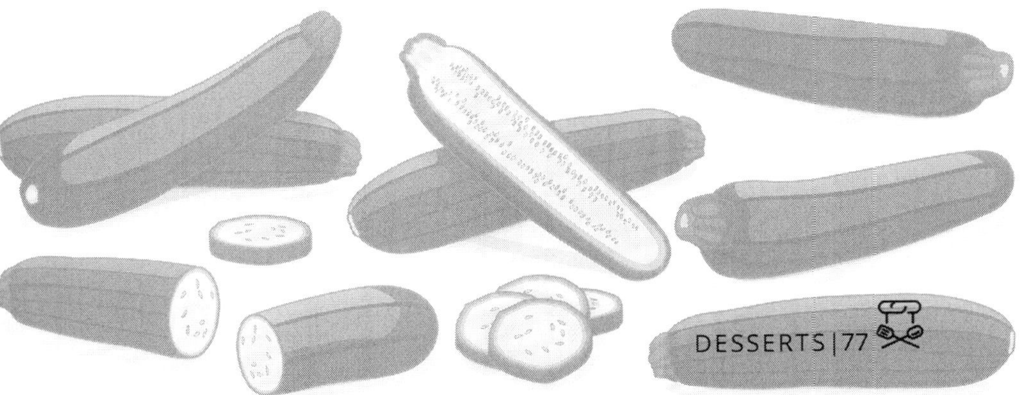

ZUCCHINI-HASELNUSS-NACHTISCH

1 Port. 10 Min. Leicht

Zutaten

1 Zucchini
10 ml Haselnusssirup
1 Spritzer Flüssigsüßstoff

Nährwerte p. P.

57 kcal
13 g Kohlenhydrate
0 g Fett
2 g Eiweiß

1 Zucchini schälen und raspeln oder stifteln.

2 Mit dem Süßstoff und dem Sirup gut vermengen.

Tipp: Mit Vanillesoße genießen!

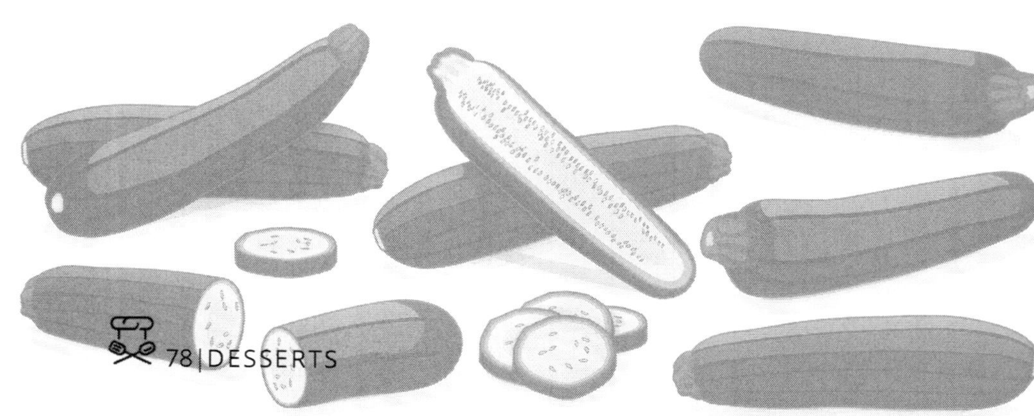

ZUCCHINI-KOKOS-MUFFINS

12 Port. | 30 Min. | Leicht

Zutaten

110 g Zucchini
160 ml Kokosmilch
1 Pck. Vanillezucker
1 TL Backpulver
170 g Weizenmehl
1 Ei
35 g Butter
125 g Zucker
140 g Kokosraspeln

Nährwerte p. P.

222 kcal
23 g Kohlenhydrate
13 g Fett
3 g Eiweiß

1 Butter zerlassen und abkühlen lassen. Zucchini säubern und raspeln. Ei mit Vanillezucker und Kokosmilch verrühren. Backpulver und Mehl mischen.

2 Ei-Mischung und Zucchini zum Mehl geben und alles gut verrühren. Zucker und Kokosraspeln sowie Butter zugeben und zu einem Teig verarbeiten.

3 Teig mit einem Esslöffel auf ein mit Papierförmchen ausgelegtes Muffinblech verteilen. Muffins im heißen Ofen bei 175 °C Ober-/Unterhitze 20 - 25 Minuten backen.

ZUCCHINI-ZITRONEN-MOUSSE

4 Port.

5 Std.
20 Min.

Mittel

Zutaten

210 g geschälte Zucchini (klein geschnitten)
2 EL Grand Marnier
2 EL zarte Haferflocken
6 Eier
160 ml Zitronensaft
6 Blatt Gelatine
260 g Zucker
110 ml Apfelsaft
260 ml Schlagsahne
Abrieb von 2 Zitronen

Nährwerte p. P.

652 kcal
82 g Kohlenhydrate
31 g Fett
11 g Eiweiß

1 Zucchini mit Apfelsaft, Zitronensaft und Abrieb sowie Grand Marnier im Topf zum Kochen bringen. Geschlossen 4 – 6 Minuten ziehen lassen, dann pürieren. Gelatine in etwas kaltem Wasser einweichen.

2 Gelatine gut ausdrücken und unter das Zucchinipüree rühren. Dann Masse abkühlen lassen.

3 Eier trennen. Eigelb mit Zucker aufschlagen. Sahne im Topf zum Kochen bringen und unter die Eigelbmischung rühren. Creme in einen Topf passieren und unter Rühren erhitzen, aber nicht kochen! Zucchinipüree zugeben, gut untermengen und Topf von der Platte nehmen. Alles abkühlen lassen, bis die Masse zu gelieren beginnt.

4 Eiweiß steif schlagen und unter die Creme heben. Masse in Dessertschalen oder Dessertgläser geben und mindestens 3 Stunden kühl stellen.

5 Vor dem Servieren Haferflocken ohne Fett in einer Pfanne anrösten und auf das Mousse streuen.

Tipp: Toll schmeckt das Mousse, wenn Sie etwas Basilikum zugeben und dieses mitpürieren.

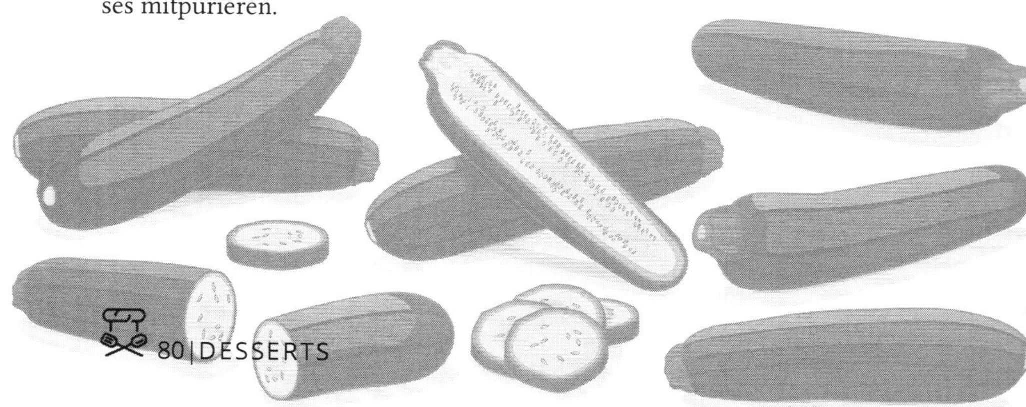

BUTTERKUCHEN MIT ZUCCHINI UND DATTELN

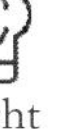

8 Port. 45 Min. Leicht

Zutaten

270 g Zucchini
Abrieb von ½ Zitrone
105 g weiche Butter
130 g Datteln (entsteint)
15 g Backpulver
3 Eier
10 cl dunkler Rum
¼ TL Zimt
190 g Weizenmehl
160 g Puderzucker
105 g Walnüsse

Nährwerte p. P.

423 kcal
53 g Kohlenhydrate
21 g Fett
8 g Eiweiß

1 Butter und die Hälfte vom Puderzucker mit Zitronenabrieb schaumig rühren. Zucchini mit dem übrigen Puderzucker in einem Mixer fein mixen. Datteln und Nüsse hacken.

2 Eier nacheinander zur Buttercreme geben, dann Zucchini-Mischung und das mit Backpulver und Zimt gesiebte Mehl unterrühren. Datteln, Nüsse und Rum zufügen und alles mit einem Teigschaber unterheben.

3 Teig in eine gefettete und mit Mehl bestäubte Kuchenform füllen und bei 175 °C im vorgeheizten Ofen ca. 35 Minuten backen.

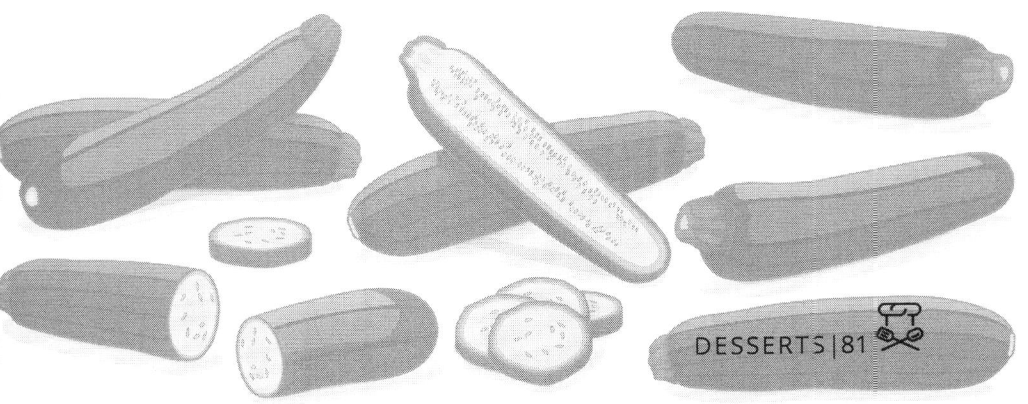

ZUCCHINI-SCHOKO-COOKIES

8 Port. 30 Min. Leicht

Zutaten

190 g geraspelte Zucchini (ausgepresst)
120 g weiche Butter
½ TL Natron
180 g Schokostückchen
¼ TL Backpulver
55 g Zucker
1 großes Ei
130 g Haferflocken
130 g Weizenmehl
160 g brauner Zucker
1 TL Vanilleextrakt
½ TL Zimt
½ TL Salz

Nährwerte p. P.

448 kcal
63 g Kohlenhydrate
21 g Fett
6 g Eiweiß

1 Zucchini raspeln und mit den Händen das Wasser ausdrücken. Mehl mit Natron, Zimt, Backpulver und Salz vermengen. Butter mit beiden Zuckersorten aufschlagen. Dann Ei und Vanille zugeben und 1 Minute lang weiterrühren.

2 Trockene Zutaten zu der Ei-Zuckermischung geben und alles verrühren. Haferflocken untermengen. Dann Zucchini und Schokostücke unterheben.

3 Aus dem Teig kleine Kugeln formen und diese auf zwei mit Backpapier ausgelegte Bleche setzen. Dabei ausreichend Abstand lassen. Bleche nacheinander im vorgeheizten Ofen bei 185 °C Ober-/Unterhitze 8 bis 10 Minuten backen. Herausnehmen und abkühlen lassen.

SAFTIGE ZUCCHINI-BROWNIES

12 Port.

35 Min.

Leicht

Zutaten

210 g Zucchini
55 ml Rapsöl
55 g Schokotropfen
210 g Weizenmehl
60 g Backkakao
110 g Apfelmus
160 g Zucker
160 ml Pflanzenmilch
110 g Zartbitterschokolade

Nährwerte p. P.

245 kcal
39 g Kohlenhydrate
10 g Fett
4 g Eiweiß

1 Zucchini säubern und fein raspeln. Schokolade im Wasserbad schmelzen.

2 Alle trockenen Zutaten (bis auf die Schokotropfen) in einer großen Schale vermengen, dann mit den übrigen Zutaten zu einem Teig rühren.

3 Teig in eine gefettete rechteckige Backform füllen, mit Schokotropfen garnieren und alles im heißen Ofen bei 175 °C Umluft 20 - 25 Minuten backen. Herausnehmen und erkalten lassen.

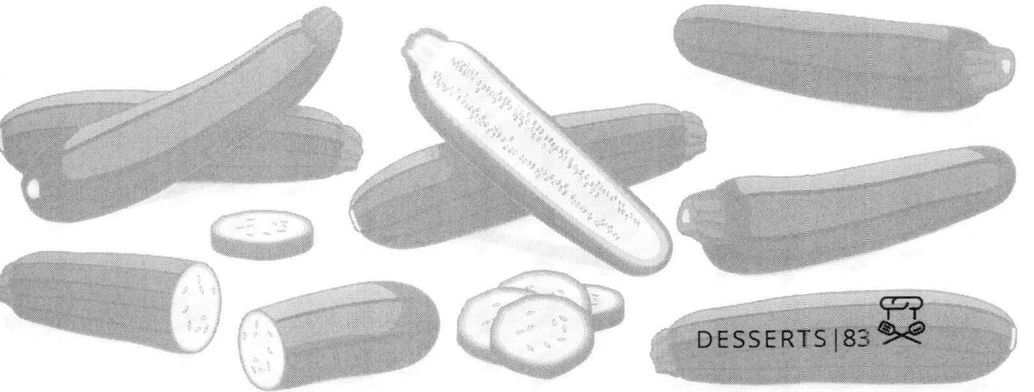

ZUCCHINI-HONIGKUCHEN

8 Port.

45 Min.

Leicht

Zutaten

310 g geraspelte Zucchini
3 Eier, getrennt
1 TL Zimt
160 g Zucker
105 g gemahlene Mandeln
260 ml Öl
75 g Puderzucker
260 g Weizenmehl
80 g Honig
1 EL Backpulver
1 Prise Salz

Nährwerte p. P.

663 kcal
64 g Kohlenhydrate
42 g Fett
9 g Eiweiß

1 Eiweiß mit Salz und Zucker zu festem Eischnee schlagen. In einer weiteren Schale Puderzucker, Honig und Eigelb schaumig schlagen. Öl unterrühren und Eischnee langsam unterheben. Mehl mit Zimt und Backpulver sieben und untermengen. Gemahlene Mandeln und Zucchini unterarbeiten.

2 Teig in eine mit Backpapier ausgelegte Form mit den Maßen 25 × 20 cm füllen und bei 170 °C Ober-/Unterhitze im heißen Ofen 30 - 35 Minuten backen.

3 Kuchen erkalten lassen, dann aus der Form stürzen und mit Puderzucker bestäuben.

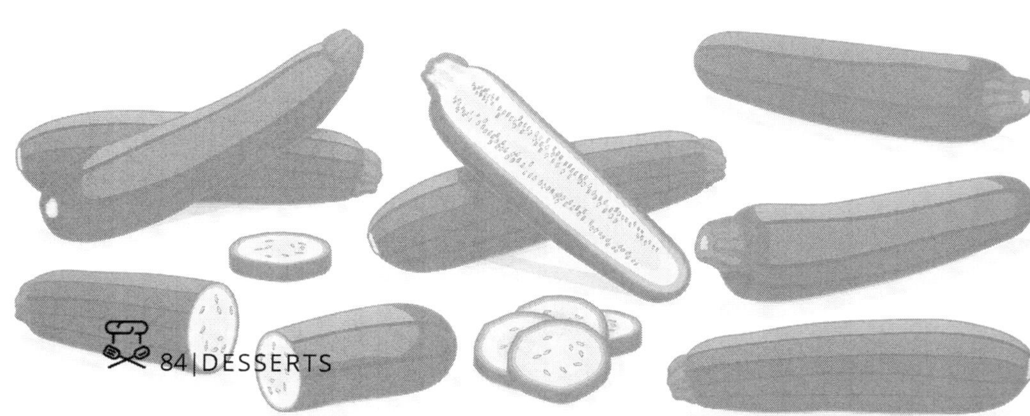

Aufstriche, Dips & Soßen

SÜßKARTOFFEL-ZUCCHINI-AUFSTRICH

4 Port.

40 Min.

Leicht

Zutaten

110 g Zucchini
¾ TL Kurkuma
150 g geschälte Süßkartoffeln
2 Zweige Petersilie
30 ml Olivenöl
10 g geriebener Parmesan
45 g Kürbiskerne
½ TL Salz und 1 Prise Pfeffer

Nährwerte p. P.

168 kcal
11 g Kohlenhydrate
13 g Fett
5 g Eiweiß

1 Zucchini und Süßkartoffeln säubern und in kleine Stücke schneiden. Mit der Hälfte des Öls und Salz vermengen und in eine Auflaufform geben. Bei 175 °C Ober- /Unterhitze 25 - 30 Minuten weich garen.

2 Gemüse in ein hohes Gefäß geben, Kürbiskerne, übriges Öl, Parmesan, Petersilie und Kurkuma zufügen und alles fein mixen. Mit Salz und Pfeffer abschmecken.

Tipp: Wenn der Aufstrich zu fest ist, einfach etwas mehr Öl oder Wasser zugeben.

ZUCCHINI-SCHAFSKÄSE-CREME

2 Port. 20 Min. Leicht

Zutaten

260 g Zucchini
½ Limette
4 schwarze Oliven
2 TL Olivenöl
1 Knoblauchzehe
1 Msp. gemahlener Kreuzkümmel
80 g Feta
Etwas Chilipulver
Salz und Pfeffer

Nährwerte p. P.

206 kcal
6 g Kohlenhydrate
17 g Fett
9 g Eiweiß

1 Limettenschale abreiben und Saft auspressen. Knoblauch schälen und pressen. Zucchini säubern, grob schneiden und mit etwas Wasser im Topf aufkochen. Geschlossen 4 - 6 Minuten garen.

2 Zucchini durch ein Sieb abgießen und mit Limettenabrieb und Saft sowie Olivenöl in einem Mixer gut mixen. Gewürze, Knoblauch und etwas Salz und Pfeffer zufügen und Creme in eine Schale umfüllen.

3 Feta zerbröckeln und unterheben. Oliven auf der Creme anrichten und zu Brot servieren.

ZUCCHINI-HUMMUS

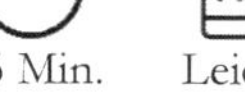

8 Port. 25 Min. Leicht

Zutaten

750 g Zucchini (gegrillt oder gebraten)
3 Knoblauchzehen
¼ Tasse frische Kräuter
2 EL Zitronensaft
¼ Tasse Tahini-Paste
3–4 EL Naturjoghurt
Etwas Olivenöl
Etwas Zatar Gewürzmischung oder Dukkah (orientalisches Gewürz)
Je ½ TL Salz und Pfeffer

Nährwerte p. P.

77 kcal
4 g Kohlenhydrate
6 g Fett
3 g Eiweiß

1 Zucchini in dickere Streifen schneiden, mit Öl einstreichen und bei mittlerer Temperatur grillen, bis sie zart sind. Anschließend für einige Minuten in Folie legen, damit sie dämpfen und noch zarter werden.

2 Zucchini mit den übrigen Zutaten, bis auf Olivenöl und Gewürzmischung, in einem Mixer fein pürieren. Masse in eine Schale umfüllen, mittig eine Mulde eindrücken und etwas Öl hineinträufeln Mit Zatar Gewürzmischung oder Dukkah bestreuen und warm oder kühl genießen.

Tipp: Wer es pikant mag, kann Chiliflocken hinzugeben!

ZUCCHINI-BASILIKUM-BROTAUFSTRICH

4 Port. 25 Min. Leicht

Zutaten

410 g Zucchini
6 EL Olivenöl
2 Bund Basilikum
1 EL Zitronensaft
3 Knoblauchzehen
1 getrocknete Chilischote
Salz und Pfeffer

Nährwerte p. P.

203 kcal
5 g Kohlenhydrate
0 g Fett
2 g Eiweiß

1 Zucchini säubern und klein schneiden. Knoblauch schälen und hacken. Chili mörsern.

2 2 EL Öl in einem Topf erhitzen und Zucchini, Chili und Knoblauch anbraten. Dann geschlossen 14 - 16 Minuten weich schmoren.

3 Basilikum abbrausen, Blätter abzupfen und ein paar Blätter in Streifen schneiden und zur Seite legen. Den Rest hacken.

4 Zucchini abkühlen lassen, dann mit restlichem Öl und gehacktem Basilikum fein pürieren. Mit Salz, Pfeffer und Zitronensaft abschmecken und die beiseitegelegten Basilikumstreifen unterheben.

ZUCCHINI-KNOBLAUCH-DIP

6 Port. 1 Std. Leicht

Zutaten

760 g Zucchini
1 Zwiebel
2 TL Zitronensaft
5 Knoblauchzehen
½ TL Kreuzkümmel
6 EL Olivenöl
10 g Minze
15 g Petersilie
2 TL Salz

Nährwerte p. P.

154 kcal
7 g Kohlenhydrate
14 g Fett
2 g Eiweiß

1 Zwiebel und Zucchini schälen bzw. säubern und in größere Würfel schneiden. Gemüse mit 1 TL Salz in 4 EL Öl mit geschlossenem Deckel etwa 15 - 18 Minuten garen, bis es weich ist.

2 In der Zwischenzeit Knoblauch schälen und mit ½ TL Salz mörsern.

3 Knoblauch sowie Kümmel unter das Gemüse geben und weitere 5 bis 6 Minuten braten, bis das überschüssige Wasser verdunstet ist.

4 Gemüse gut zerstampfen, von der Platte nehmen und etwas abkühlen lassen.

5 Kräuter abbrausen, hacken und mit Zitronensaft und restlichem Salz unter das Gemüse rühren. Mit dem übrigen Öl beträufeln.

Tipp: Der Dip schmeckt auch mit Kurkuma oder Dill sehr gut!

CREMIGE ZUCCHINI-SOßE

4 Port. 20 Min. Leicht

Zutaten

510 g Zucchini
1 Becher Schlagsahne
2 Zwiebeln
Etwas Muskatnuss
2 Knoblauchzehen
1 Schuss Gemüsebrühe
Etwas Öl
Salz und Pfeffer

Nährwerte p. P.

280 kcal
12 g Kohlenhydrate
26 g Fett
3 g Eiweiß

1 Zucchini, Zwiebeln und Knoblauch klein schneiden. Zwiebeln und Knoblauch in Öl anschwitzen. Kurz darauf Zucchini zugeben und ein paar Minuten mitdünsten.

2 Wenn die Zucchini weich ist, alles pürieren und Brühe zugeben. Sahne und Gewürze zufügen und alles 8 - 12 Minuten köcheln lassen.

3 Soße mit Salz und Pfeffer abschmecken und zu Nudeln servieren.

Tipp: Wer es pikant mag, gibt Chiliflocken zur Soße!

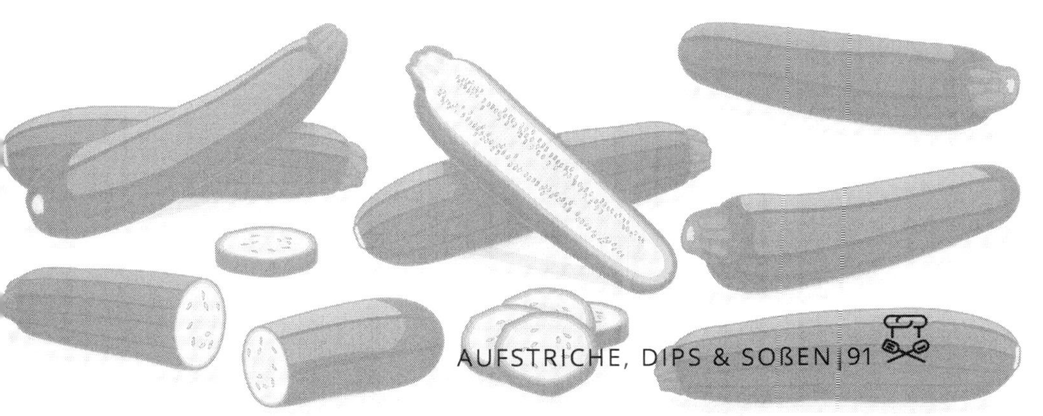

ZUCCHINI-AUFSTRICH MIT CASHEWKERNEN UND KRÄUTERN

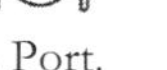

3 Port. 10 Min. Leicht

Zutaten

1 Zucchini
40 ml Olivenöl
55 g Cashewkerne
2 TL italienische Kräuter
1 Knoblauchzehe
3 TL Pinienkerne
¼ TL Kurkuma
1 ½ TL Salz und etwas Pfeffer

Nährwerte p. P.

268 kcal
9 g Kohlenhydrate
24 g Fett
5 g Eiweiß

1 Cashewkerne und Pinienkerne in einer Pfanne ohne Fett anrösten.

2 Knoblauch schälen und mit den gerösteten Kernen in einen Mixer geben. Zucchini säubern, würfeln und auch zugeben. Öl mit hineingeben. Alles mit den Kräutern, Kurkuma, Salz und Pfeffer verfeinern. Alles gut mixen.

3 Mit einem Spatel die Masse nach unten schieben und alles erneut mixen. Aufstrich abschmecken und ggf. nachwürzen.

4 Sofort servieren oder kühl in einem Schraubglas lagern.

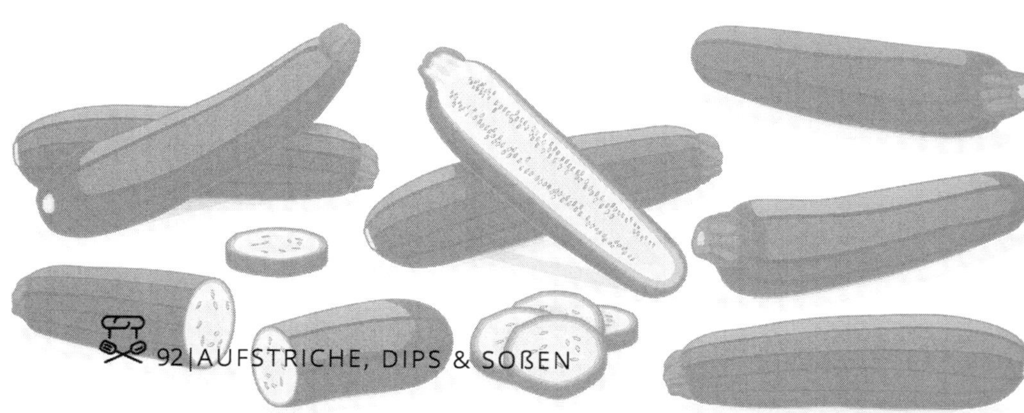

Smoothies, Shakes & Getränke

APFEL-ZUCCHINI-MILCHGETRÄNK

2 Port.

10 Min.

Leicht

Zutaten

110 g Zucchini
110 g Apfel
210 ml Milch
1 Zweig Minze (gehackt)
1 Spritzer Zitronensaft
Zucker oder Agavendicksaft n. B.

Nährwerte p. P.

126 kcal
20 g Kohlenhydrate
4 g Fett
5 g Eiweiß

1 Apfel säubern und in Stücke schneiden. Kerne und Schale bleiben dran. Zucchini säubern und auch in Stücke schneiden.

2 Alles im Mixer mixen und nach Belieben süßen. In Gläser umfüllen und genießen.

ZUCCHINI-JOGHURT-SMOOTHIE MIT FETA

2 Port.

10 Min.

Leicht

Zutaten

1 Zucchini
95 + 45 g Feta
1 Zweig Basilikum
190 g griechischer Joghurt
95 ml Milch
Salz und Pfeffer

Nährwerte p. P.

294 kcal
10 g Kohlenhydrate
20 g Fett
20 g Eiweiß

1 Basilikum abbrausen und Blätter abzupfen. Feta zerbröseln.

2 Alle Zutaten - 95 g Feta - im Mixer pürieren und mit Salz und Pfeffer würzen. In Gläser umfüllen und mit dem übrigen Feta garnieren.

KOKOS-SCHOKO-ZUCCHINI-SMOOTHIE

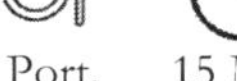

1 Port. 15 Min. Leicht

Zutaten

½ in Scheiben geschnittene Zucchini
2 Medjool-Datteln (entsteint)
1 Tasse TK-Blumenkohl
1 Tasse leichte Kondensmilch
½ TL Vanilleextrakt
3 TL Kakaopulver
2 TL Mandel- oder Erdnussbutter
1 Prise Salz
1 TL geröstete Kokosflocken
1 TL Mini-Schokostückchen

Nährwerte p. P.

571 kcal
88 g Kohlenhydrate
20 g Fett
18 g Eiweiß

1 Datteln 5 - 8 Minuten in sehr warmem Wasser einweichen.

2 Alle Zutaten, bis auf die Kokosflocken und die Schokostücke, im Mixer fein pürieren. Ggf. etwas mehr Kondensmilch zugeben.

3 In ein Glas umfüllen und mit Kokosflocken und Schokostückchen garnieren.

ZUCCHINI-GURKEN-DRINK

4 Port. 10 Min. Leicht

Zutaten

2 Zucchini
1 Zweig Minze
1 Gurke
1 Limette
Etwas Kurkuma

Nährwerte p. P.

32 kcal
8 g Kohlenhydrate
0 g Fett
2 g Eiweiß

1 Limette schälen, Gemüse säubern und grob schneiden.

2 Alles, bis auf Kurkuma, im Entsafter zu einem Saft verarbeiten. Anschließend Kurkuma untermengen. Ggf. mit etwas Mineralwasser aufgießen.

ZUCCHINI-MELONEN-SAFT

 1 Port.

 10 Min.

Leicht

Zutaten

1 Zucchini
Honigmelone (von der Menge doppelt so viel wie Zucchini)

Nährwerte p. P.

193 kcal
47 g Kohlenhydrate
1 g Fett
5 g Eiweiß

1 Melone entkernen und Fruchtfleisch klein schneiden. Zucchini säubern und auch klein schneiden.

2 Beides im Wechsel im Entsafter auspressen. Den Saft frisch genießen.

GEMÜSE-FRUCHT-SMOOTHIE

2 Port. 10 Min. Leicht

Zutaten

1 kleine Zucchini
1 kleine Kaki
Wasser
2 Orangen
1 Blatt Grünkohl

Nährwerte p. P.

130 kcal
33 g Kohlenhydrate
0 g Fett
3 g Eiweiß

1 Zucchini säubern und klein schneiden. Orangen schälen und in Stücke teilen. Kohlblatt abwaschen. Kaki säubern und stückeln.

2 Alle Zutaten in einen Mixer füllen und bis zur 1-Liter-Markierung mit Wasser befüllen. Gut mixen. In Gläser umfüllen und genießen.

Bonus: Fitness-Low-Carb

PROTEIN-SCHOKO-FRÜCHTE-BOWL

1 Port.

5 Min.

Leicht

Zutaten

240 g Zucchini
40 g gefrorene Bananen
10 g Backkakao
55 g kaltes Wasser
1 Tropfen Süßstoff
50 g tropische Fruchtmischung
1 g Flohsamenschalen
45 g Sojajoghurt
3 g Maca-Pulver
15 g Schoko-Proteinpulver

Nährwerte p. P.

210 kcal
32 g Kohlenhydrate
4 g Fett
20 g Eiweiß

1 Alle Zutaten in einem Mixer gut durchmixen.

2 Smoothie ggf. nachsüßen, in eine Schale umfüllen und nach Belieben garnieren.

ZUCCHINI-PANCAKES (LOW CARB)

1 Port.

15 Min.

Leicht

Zutaten

30 g fein geriebene Zucchini
1 Ei
2 TL Butter
2 EL Mandelmehl
½ TL gehackte Petersilie
1 Prise Backpulver
1 Spritzer Limettensaft
30 ml Milch
Frische Kräuter n. B.
2 EL Sauerrahm
Salz und Pfeffer

Nährwerte p. P.

356 kcal
8 g Kohlenhydrate
26 g Fett
20 g Eiweiß

1 Milch und Ei verrühren. Dann Mehl, Zucchini, Backpulver, Petersilie und Limettensaft untermengen. Salzen und pfeffern.

2 Butter in einer Pfanne zerlassen und aus dem Teig zwei Pancakes backen. Diese mit frischen Kräutern nach Wahl und Sauerrahm servieren.

LOW-CARB-PIZZASTICKS

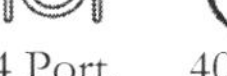

4 Port. 40 Min. Leicht

Zutaten

620 g geraspelte Zucchini
3 Eier
½ TL getrockneter Oregano
45 g Weizenmehl
2 Zweige Basilikum (gehackt)
210 g Reibekäse
½ TL Knoblauch
Je ½ TL Salz und Pfeffer

Nährwerte p. P.

253 kcal
15 g Kohlenhydrate
12 g Fett
22 g Eiweiß

1 Zucchini salzen. Ein paar Minuten stehen lassen, dann in ein sauberes Geschirrtuch geben und das Wasser ausdrücken.

2 Eine kleine Handvoll von dem Käse abnehmen und zur Seite stellen. Zucchini mit den übrigen Zutaten vermengen.

3 Masse auf ein mit Backpapier ausgelegtes Blech geben, dünn zu einem Rechteck ausstreichen und bei 175 °C im heißen Ofen für 25 - 30 Minuten backen. 5 Minuten vor Ende der Zeit den zur Seite gestellten Käse obendrüber streuen.

4 Aus dem Ofen nehmen, in Streifen schneiden und die Sticks abkühlen lassen, damit sie fest werden.

ZUCCHINI-LOW-CARB-PIZZEN

3 Port. 20 Min. Leicht

Zutaten

3 Zucchini
210 g Tomatensoße
2 Mini-Salami
110 g geriebener Mozzarella
2 TL italienische Kräuter
2 TL Olivenöl
Salz und Pfeffer

Nährwerte p. P.

219 kcal
12 g Kohlenhydrate
15 g Fett
11 g Eiweiß

1 Zucchini säubern und in Scheiben schneiden. Salami klein schneiden. Zucchini in Öl in einer Pfanne 1 Minute anbraten, dabei salzen und pfeffern.

2 Zucchini aus der Pfanne nehmen und auf einem mit Backpapier belegten Blech verteilen. Erneut salzen und pfeffern und mit Tomatensoße einstreichen. Dann mit Kräutern, Mozzarella und Salami belegen.

3 Bei 175 °C Ober-/Unterhitze im vorgeheizten Ofen 4 - 6 Minuten backen, bis der Käse geschmolzen ist.

LOW-CARB-ZUCCHINI-SPAGHETTI MIT FRISCHKÄSE-SOßE MIT AJVAR UND TOMATEN

 1 Port.  15 Min.  Leicht

Zutaten

1 Zucchini
1 Zwiebel
2 TL Frischkäse
1 Knoblauchzehe
2 TL Ajvar
6 Cocktailtomaten
1 TL Olivenöl
Etwas Basilikum
1 EL geriebener Parmesan
Salz und Pfeffer

Nährwerte p. P.

245 kcal
25 g Kohlenhydrate
15 g Fett
8 g Eiweiß

1 Zucchini säubern und mit einem Spiralschneider in Spaghetti schneiden. Tomaten säubern und vierteln. Zwiebel schälen und in Scheiben schneiden. Knoblauch schälen und hacken.

2 Öl in einer Pfanne erwärmen und Zwiebeln und Knoblauch darin anbraten. Ajvar und Frischkäse zugeben, dann die Zucchini-Spaghetti untermischen. Alles 2 Minuten braten und salzen und pfeffern.

3 Tomaten unterheben, auf Tellern verteilen und mit Basilikum und Parmesan toppen.

FITNESS-HÄHNCHEN MIT PILZEN UND SESAM

4 Port. 30 Min. Leicht

Zutaten

1 große Zucchini
520 g Hühnerbrust
2 EL Sesam
5 EL Sojasoße
2 TL Kokosöl
4 Knoblauchzehen
2 EL Balsamico-Essig
410 g Pilze
½ TL gemahlener Ingwer

Nährwerte p. P.

278 kcal
10 g Kohlenhydrate
10 g Fett
38 g Eiweiß

1 Hühnerbrust in kleinere Stücke und dann in Scheiben schneiden. In dem Öl in einer tiefen Pfanne 4 - 6 Minuten leicht anbraten. Dann auf einen Teller geben.

2 Zucchini säubern und in Scheiben schneiden. Pilze säubern und mit der Zucchini in die Pfanne geben. Darin 6 – 8 Minuten braten. Knoblauch zufügen und gemahlenen Ingwer untermischen.

3 Fleisch und Sesam zum Gemüse geben und mit Sojasoße und Balsamico-Essig verfeinern. Weitere 3 Minuten köcheln lassen. Zu braunem Reis, Couscous oder Quinoa servieren.

GEMÜSE-LASAGNE

 4 Port.

 1 Std.

 Leicht

Zutaten

210 g Zucchini
310 g Pilze
1 Knoblauchzehe
160 g Rinderhack
110 g fettarmer Käse (gerieben)
110 g Crème fraîche
210 g Lasagneplatten
210 g Tomaten
110 g Zwiebeln
Etwas Öl
2 Pck. Tomatensoße (ca. 650 ml)
Frisches Basilikum
Salz und Pfeffer

Nährwerte p. P.

590 kcal
60 g Kohlenhydrate
25 g Fett
31 g Eiweiß

1 Zucchini und Pilze säubern. Zucchini klein schneiden. Knoblauch und Zwiebeln schälen und hacken. Zucchini und Pilze mit etwas Salz und Pfeffer in einer Pfanne in etwas Öl anbraten. Kurz darauf Zwiebeln und Knoblauch zugeben.

2 Tomaten säubern und klein schneiden. Sobald fast das gesamte Wasser in der Pfanne verdunstet ist, Soße und Tomaten zufügen und alles köcheln lassen. Hack in etwas Öl separat anbraten.

3 Lasagneplatten in einer Auflaufform schichten, sodass der Boden bedeckt ist und sich die Platten nicht überlappen. Im Wechsel die Soße und die Platten schichten. Auf die letzte Schicht Lasagneplatten das Hack geben und verteilen. Darauf den Rest Soße streichen.

4 Crème fraîche in Tupfen obendrauf setzen und mit Käse bestreuen. Alles bei 175 °C Umluft ungefähr 30 Minuten im heißen Ofen backen. Mit Basilikum garnieren.

LEICHTER ZUCCHINI-ANANASKUCHEN

6 Port. 55 Min. Leicht

Zutaten

260 g Zucchini
2 Eier
85 g sehr reife Bananen
360 g Ananas (ungesüßt aus der Dose, Abtropfgewicht)
230 g Weizenmehl
2 EL Kokosöl
1 TL Backpulver
½ TL Natron
1 Prise Salz
¼ TL gemahlene Vanille

Nährwerte p. P.

253 kcal
42 g Kohlenhydrate
7 g Fett
7 g Eiweiß

1 Zucchini säubern und fein raspeln. Ananas ebenfalls raspeln oder fein hacken. Bei beidem gut die überschüssige Flüssigkeit ausdrücken. Banane pürieren.

2 Eier aufschlagen und Banane und Öl unterrühren. Mehl mit Backpulver, Natron, Vanille und Salz mischen. Beide Massen miteinander vermengen, zuletzt Zucchini und Ananas unterheben.

3 Teig in eine gefettete und mit Mehl bestäubte Springform füllen und bei 170 °C Ober-/Unterhitze 35 - 40 Minuten backen. Lauwarm oder abgekühlt genießen.

Tipp: Ungesüßte Ananas gibt es bereits geraspelt zu kaufen, was einem die Zubereitung erleichtert. Wer keine grüne Farbe im Kuchen mag, kann die Zucchini einfach schälen. Wer es etwas süßer mag, kann 70 bis 90 g Erythrit oder Xylit zugeben oder mit anderen Süßungsmitteln süßen!

ZUCCHINI-BANANEN-SHAKE

2 Port. 5 Min. Leicht

Zutaten

120 g gehackte Zucchini
250 ml ungesüßte Mandelmilch
½ große Banane
½ TL Zimt
1 Messlöffel Schoko-Proteinpulver
160 g Eis
1 TL Mandelbutter

Nährwerte p. P.

138 kcal
12 g Kohlenhydrate
4 g Fett
15 g Eiweiß

1 Alle Zutaten in einem Mixer fein pürieren.

2 In Gläser umfüllen, glatt rühren und genießen.